日本人学汉语
常见语法错误释疑

（增订本）

杨德峰 著

商务印书馆
创于1897 The Commercial Press

图书在版编目(CIP)数据

日本人学汉语常见语法错误释疑/杨德峰著.—
2版.—北京:商务印书馆,2024
ISBN 978 - 7 - 100 - 23582 - 2

Ⅰ.①日… Ⅱ.①杨… Ⅲ.①汉语—语法—对
外汉语教学—教学参考资料 Ⅳ.①H195.4

中国国家版本馆 CIP 数据核字(2024)第 063281 号

日本人学汉语常见语法错误释疑(增订本)
杨德峰 著

商 务 印 书 馆 出 版
(北京王府井大街 36 号 邮政编码 100710)
商 务 印 书 馆 发 行
北京新华印刷有限公司印刷
ISBN 978 - 7 - 100 - 23582 - 2

2024 年 7 月第 2 版　　　　开本 880×1230 1/32
2024 年 7 月北京第 1 次印刷　　印张 9⅜
定价:56.00 元

第一版序

德峰带着他的新作《日本人学汉语常见语法错误释疑》一书的稿子来访，嘱我写序。我虽然限于条件，荒疏偏误研究有年，但兴趣未减，仍在留心这个领域的进展。德峰的新作自然是偏误研究的一项新的成果，他给我先睹为快的机会，我当然很感激，于是便应承下来。

专门研究日本人学汉语的偏误的著作不多，在德峰这本书之前，我见过的，早一些的有狄昌运的《怎样说得对？》，晚近一些的有吴丽君等的《日本学生汉语习得偏误研究》。但德峰的书，作为一本主要以研究学汉语的日本学生的汉语语法错误的书，自有其特点。

特点之一，写得深入浅出，通俗易懂，具有中等汉语水平的学生基本上能读下来。我之所以把这一点放在第一条，就是因为这是最基本的。书既然是为学汉语的学生写的，如果他们看不懂，那么写得再好，对他们也无用。这种情况不乏其例。

特点之二，虽然本书说的是语法错误（即偏误，下同），但并不面面俱到，而是突出重点。本书涵盖词语、句子成分、句子、篇章等方面的语法错误，每一部分都提出几个对日本学生来说是比较典型的错误加以讲解分析。这一点，懂日语的读者一看目录便知；不懂日语的读者，看了内容，也可体会。

特点之三，提供多种信息，使学生对他们的语法错误能够有个全面的认识，并可以从中悟出如何纠正、如何避免。我们看到：书中对每一项语法偏误，都是先给出偏误句，再给出正确句，然后对偏误句进行分析，最后通过"链接"对该语法点做正面的说明。

在分析每一个偏误的时候，除了指出为什么是偏误之外，还指出日本学生之所以会发生这类偏误的原因。在我看来，这是本书的一个亮点，是对日本学生最有针对性的，也是我最关心的，读了之后也最受启发。有了这一部分，就使得本书区别于一般的病句分析。德峰兼通日英两种语言，做这一部分他是具备条件的，可以做出比较准确的判断。

我大致统计了一下，属于受日语即学生的母语影响而造成的偏误有77项，属于过度类推的有103项，另外还有12项作者认为是受英语影响的结果；其中有9项是有两种可能的。在判断偏误成因时，常有"显然"、"可能"等修饰语，可见德峰是很慎重的。

按照塞林格（Selinker）的说法，形成偏误的原因有五，但就语法的情形说来，主要的可能就是母语的干扰和由于所学目的语知识不足而形成的过度类推这两种。

从德峰给的例子看，母语的干扰又有两种情况，一种是对译造成的，对译之后学生就以为二者在任何情况之下都是相同的，因而造成偏误；另一种是所谓一对多（日语的一个词语相对于汉语的两个或更多的词语）的情况。从两种情况中都还可以看出日语的一个特殊情况对日本学生的汉语中介语形成的影响，这就是日语中借用汉字的词语，往往是日语和汉语的词都用同样的汉字，而二者在语义、用法上又有着或大或小的区别。这部分词对学习汉语的日本学生有很大的迷惑性。在这里，翻译或释义起了"推波助澜"的作用，也就是说翻译或释义缺乏区别性，或者是不能区别于日语的对应词语，或者是在两个汉语词语只有一个日语对应词语时，没有能反映出两个汉语词语之间的差别。其实，要做到这一点并不是很难，只要在翻译或释义时尽量照顾到对应词语的区别性特征就行了。就语法而言，就是要揭示词语在语法功能上、搭配、色彩、语体等方面的差异。如果做到了这一点，那么至少会减少偏误的发生。

对汉语规则的过度类推，也有两种情况。一种是学生对相近语法项目的混淆，一种是学生对某种语法规则、某种语法形式根据自己的理解做出假设——不正确的假设——加以运用而产生偏误。这也牵涉教材和教学上对这些语法规则和语法形式的解释。就是说，在出现一个新的语法项目时，教材的编写者和教师应该想到学生可能会联想到前面已经学过的其他项目，会不会出现混淆，他们可能做出什么样的假设，如何通过讲解尽可能地使学生避免过度类推，从而避免偏误。对于相近项目的混淆，应该讲出二者的区别之所在；对于语法规则，应该突显其使用条件与限制。

我们可以看出，以上都牵扯到教学和教材中的语法翻译和解释中的失误问题。不过德峰这本书主要是给学生看的，所以没有说给教师的话。但是，我建议教日本学生汉语的老师们也读一读这本书，从书中的解释和分析，也会悟出教学中应该注意什么。

有意思的是那12项作者认为是日本学生因为受英语影响而出现的偏误。这里首先涉及的是一个理论问题，就是一个人已经掌握的一门或者几门外语，对他学习另一种外语有没有影响，其干扰是不是产生偏误的一个原因。20世纪80年代，我在美国俄亥俄州立大学听一位名叫比尔克比希勒（Birckbichler）的教授讲语言教与学的原理，我曾经问过她这个问题，她回答说，肯定有影响。我后来想查有关的文献，却没有查到，不过我本人很同意她的看法，从道理上应该是说得通的。我个人也有体会。十几年前我在意大利教书时，业余学意大利语，记得当时学习意大利语语法（也包括词汇）也常常联想到英语，理解起来就容易得多。我的体会是，这样的意大利语语法项目常常是汉语（我的母语）中没有而英语（我掌握的外语）中有的。那么，这里学汉语的日本学生由于受了英语（他们掌握的外语）的影响而产生的使用汉语时的偏误，是不是也是在日语中找不到参照物才从自己掌握的英语中找呢？从这 12 项的情况看，似乎是这样。这种情况，也是一种干扰，只不过不是母语的干扰，而是学生掌握的另一种外语对汉语学习的干扰。这是很值得注意、值得研究的一种现象。

以上是我读了德峰的书稿之后受到的一些启发，是学习的心得，写出来，权算作序吧。

祝贺德峰为对外汉语教学、为偏误分析做了一件实事，祝贺这本对学生和老师都非常有用的新作的出版！

鲁健骥

2008 年 5 月 28 日

目　　录

增订本前言

时光荏苒，自《日本人学汉语常见语法错误释疑》出版后，十多年转瞬即逝。本书的出版得到了学界及读者的肯定和认可，版权被日本的出版机构购买，并在日本很快出版了日译本，受到了日本汉语学习者和教师的欢迎。然而，这十多年间，在我国经济快速发展的大好形势下，国际中文教育得到了长足的发展。更重要的是，汉语作为第二语言的本体研究及外国汉语学习者的习得和偏误等方面的研究均取得了丰硕的成果，日本人学习汉语的习得和偏误方面的研究成果的数量也在与日俱增。为了与时俱进，把现有的研究成果尽量吸收进去，更好地满足广大读者的需要，也更好地为国际中文教育服务，在商务印书馆袁舫编审的提议下，我们决定对本书进行修订。

本次修订主要做了以下工作：

一、增加了误用"家族"代替"家人"、误用"暖"代替"暖和"、离合词后误带情态补语、误用"往往"代替"常常"、误用"对"代替"跟"、误用"对"代替"在"、"对"和"给"混用、误用"做"、漏用"但是"或"可是"、误用"下去"代替"下来"、误用"头"代替"只"、"好（不）容易"与"了"同现等近四十个条目。通过增补，所反映的日本学习者学习汉语产生的偏误更全面，更有利于他们系统学习和了解。

二、调整、统一了一些条目的顺序，使得条目的排列更趋合理，更方便学习者查阅或使用。

三、把各节中同类的偏误尽量集中在同一条目下，如把第一章第一节中凡是误用日语名词代替汉语名词的偏误都归到"误用日语的名词代替汉语的"条目下，把第一章第三节中误用日语形容词代替汉语形容词的偏误都归到"误用日语的形容词代替汉语的"条目下，之后再分别加以介绍。

四、把解释和说明中一些较难的词语尽量替换为较常用的词语，便于初学者了解、学习。

五、对一些例句进行了替换或修改，例句尽量给出上下文，使得例句更真实、有用。

六、对各章节标题等进行了修改，使之更简洁。

七、增补了一些相关的参考文献。

总之，通过本次修订，希望能够更好地为读者服务，为对日汉语教学及教材编写等提供更全面的参考。

此次修订，得到了商务印书馆袁舫编审的大力支持和帮助，在此表示诚挚的感谢！

编者

2023 年 8 月 1 日

第一版前言

对外国学习者学习汉语出现的错误进行分析之类的书籍已出版了一些，这些书籍的出版，不但给教师的教学带来了方便，也给外国学习者学习汉语提供了很好的指导。

毋庸讳言，这类书籍也存在着一些不足。其不足之处主要是所列举的错误常常是"普遍性"的，缺乏针对性，即这些错误到底哪些母语学习者容易出现，哪些母语学习者很少出现，不得而知。不仅如此，这些错误的根源在哪里，是母语的影响，还是目的语等的影响，往往也缺乏分析。其结果是，使用者常常知其然而不知其所以然，不能从根本上解决这些问题。有些书籍虽然也对错误产生的原因做了一些探讨，但多局限于从汉语语法自身的角度去观察，去解释。这种观察尽管十分必要，但有时却未必奏效，因为外国学习者学习汉语时出现的语法错误不少是学习者母语负迁移的影响，即学习者在学习汉语时都会自觉或不自觉地把汉语中的语法现象跟自己母语中类似的语法现象进行简单类比或对译，结果自然会出现这样或那样的问题。因此，如果光从汉语语法的角度去观察这些问题，有时必然是就事论事，看到的只能是表面现象，不可能找到问题的症结所在，这样不仅不能从根本上解决问题，有时反而会产生一些误导。

本书把日本学习者学习汉语时常犯的语法错误进行了归类，并对这些错误尽量加以剖析，指出错误的根源，希望通过这种剖析，能够让日本汉语学习者真正知道出现错误的原因，从而杜绝错误的产生。此外，为了让日本汉语学习者对汉语纷繁的语法现象有一个清晰的认识，本书还在必要的地方对一些相关的语法项目进行了大致的梳理。本书共分为四章，第一章是词类，词类部分一共九节，分别列举了名词、动词、形容词、代词、数量词、副词、介词、连词、助词等学习中常见的错误。第二章为句子成分，一共六节，分别归纳了日本汉语学习者学习主语、谓语、宾语、定语、状语和补语等句子成分时经常出现的错误。第三章为句子，主要指出一些特殊句子，像"把"字句、"被"字句、"是……的"句等学习中容易出现的错误。第四章为篇章，主要介绍了日本汉语学习者篇章学习中常见的错误。此外，本书还有一个附录，对日本汉语学习者使用标点符号时经常出现的错误做了一些分析。

　　本书所收录的都是日本汉语学习者常犯的、带有普遍性的错误，为了尽可能把这些错误收录进去，除了借助笔者平时的积累以外，也参考了现有的研究成果。尽管如此，也很难做到没有遗漏，因为日本学习者学习汉语语法时常犯的错误到底有多少，目前还缺乏这方面的统计资料。如果说发现错误比较难的话，那么分析错误产生的根源则更是难上加难。因为语言是一种人文现象，学习者学习时出现的错误常常受到学习者的母语、目的语以及跟学习者的母语和目的语相关的文化等因素的影响，这些因素常常交织在一起，有时很难理出一个头绪。因此，本书所做的工作还是一种尝试，不足之处在所难免，但是笔者坚信其方向是对的，并希望本书能对日本学习者学习汉语起到一定的指导作用，也希望能为对外汉语教师的教学和科研提供一些参考。

语法术语

B

比较句	比較文
宾语	目的語
并列关系	並列関係
补语	補語
不及物动词	自動詞
部分否定	部分否定

C

陈述句	平叙文
程度补语	程度補語
持续	持続
重叠式	重ね型
处所词	場所名詞
存现句	存現文

D

搭配	コロヶーシン、連語（関係）
大主语	主述述語文の主語
代词	代名詞

单音节	単音節
"的"字短语	"的"フレーズ
定语	連体修飾
定指	定性
动词（短语）	動詞（フレーズ）
动量补语	動量補語
段落	段落

F

发展、变化动词	発展、変化動詞
方位词	方位詞
非定指	不定語
非谓形容词	非述形容詞
非自主动词	非自主動詞
分句	分句
否定副词	否定副詞
否定句	否定文
负向形容词	マイナス形容詞
复合趋向补语	複合方向補語
复句	複句
复数	複数

副词	副詞	口语	口語

G

格助词	格助词
固定短语	固定表現
关联副词	関連副詞
关系动词	関係動詞

L

类推	類推
离合词	離合動詞
立足点	观察場所
连词	接続詞
连动句	連動文
量词	量詞
零形式	ゼロ形熊

H

话题	話題
话题链	主題連鎖

M

名词（短语）	名詞

J

及物动词	他動詞
假设句	仮定文
兼语句	二重目的語文
简单趋向补语	単純方向補語
间接宾语	間接目的語
结果补语	結果補語
介词	前置詞
介宾短语	前置詞句
进行	進行
近指	近称
句群	文群
句子	文

N

能愿动词	能願動詞

Q

祈使句	命令文
强调	強調
情态补语	樣態補語
区别词	区別詞
趋向动词	方向動詞

R

人称代词	人称代名詞

K

可控制动词	制御可能動詞
肯定句	肯定文

S

省略	省略
施事	動作の主体
时间副词	時間副詞

时量补语	时量補語	疑问句	疑問文
实现	実現	已知	既知
受事	受動者	语气词	語気助詞
书面语	書き謀	语气副词	語気副詞
述补短语	述補構造	语素	形熊素
数词	数詞		

数量	数量	**Z**	
T		正向形容词	プラス評価さ表す形容詞の形容詞
条件句	条件文		
W		直接宾语	直接目的語
谓语	述語	直接引语	直接引用文
X		重读	プロミネンス
		周遍性主语	周遍性主語
小主语	主述述語文の述語部分の主語	主谓短语	主述句
		主谓谓语句	主述述語文
形容词（短语）	形容詞（フレーズ）	主语	主語
		助词	助詞
性质形容词	性質形容詞	专有名词	固有名詞
叙述	叙述	状态动词	状態動詞
Y		状态形容词	状態形容詞
		状语	連用修飾語
疑问代词	疑問代詞	自主动词	意志動詞

第一章　词语常见错误

第一节　名词常见错误

一、误用日语的名词代替汉语的

（一）误用"先周"、"今周"、"来周"代替"上周"、"本周"、"下周"

📑 **例句**

误：

　①＊先周我们去上海了。[①]

　②＊今周有台风。

　③A：你们什么时候考试？

　　B：＊来周。

正：

　④上周我们去上海了。

　⑤本周有台风。

---

① "＊"表示该句子或说法是错误的，以下同。

8

⑥ A：你们什么时候考试？

　　B：下周。

☞ **分析**

表 1　汉语和日语表示"星期"的方式

汉语	上周	本周	下周
日语	先週	今週	来週

汉语表示"星期"的方式和日语相似：并且汉语的"周"和日语的"週"形似。受日语的影响，日本学生常常把日语"星期"表达方式中的"週"改为"周"，直接用在汉语中。例①、例②、例③的"先周"、"今周"和"来周"应分别改为"上周"、"本周"和"下周"。

（二）误用"先月"、"今月"、"来月"代替"上个月"、"本月"、"下个月"

📋 **例句**

误：

①＊**先月**我哥哥结婚了。

②＊她**今月**回国。

③＊**来月**我去中国。

正：

④**上个月**我哥哥结婚了。

⑤她**本月**回国。

⑥**下个月**我去中国。

☞ **分析**

表 2　汉语和日语表示"× 月"的方式

汉语	上个月	本月	下个月
日语	先月	今月	来月

汉语有"上个月"、"本月"、"下个月"，日语有"先月"、"今月"、"来月"，二者都有共同的语素"月"。受日语影响，日本学生往往用日语的"先月"、"今月"和"来月"代替汉语的"上个月"、"本月"和"下个月"。例①、例②、例③的"先月"、"今月"和"来月"应分别改为"上个月"、"本月"和"下个月"。

（三）误用"昨年"、"来年"代替"去年"、"明年"

📑 **例句**

误：

①＊**昨年**春节的时候，我去了上海。

②＊弟弟**来年**来中国。

正：

③**去年**春节的时候，我去了上海。

④弟弟**明年**来中国。

☞ **分析**

表3　汉语和日语表示"×年"的方式

汉语	去年	今年	明年
日语	昨年	今年	来年

汉语"×年"的表示方法与日语相近或相同，正因为如此，日本学生常常用日语的表达方式来类推汉语。例①、例②的"昨年"、"来年"应分别改为"去年"、"明年"。

（四）误用"家"代替"房子"

📑 **例句**

误：

①＊在日本，很难买自己的**家**。

②＊我没有钱，买不起**家**。

正：

③在日本，很难买自己的**房子**。

④我没有钱，买不起**房子**。

☞ **分析**

汉语的"房子"日语中是"家"，例①、例②中的"家"都应改为"房子"。日本学生出现这种错误，显然是受到了日语的影响。

（五）误用"家族"代替"家人"

📄 **例句**

误：

①＊我不喜欢和**家族**一起住。

②＊她经常跟**家族**去旅行。

正：

③我不喜欢和**家人**一起住。

④她经常跟**家人**去旅行。

☞ **分析**

汉语里"家族"和"家人"不同，"家族"是以婚姻和血统为基础形成的社会组织，是一个很大的群体；"家人"只指一家人，两个词语的所指范围差别很大。例①、例②使用"家族"都不对，应改为"家人"。

日本学生出现这种错误，是受到了日语的影响。日语的"家族"是"家人"的意思。正因为如此，他们常用"家族"代替"家人"。

二、误用"时间"代替"时候"

📑 **例句**

误：

　　① *讨论的**时间**，日本学生常常不说话。

　　② *我做作业的**时间**，喜欢听音乐。

正：

　　③ 讨论的**时候**，日本学生常常不说话。

　　④ 我做作业的**时候**，喜欢听音乐。

☞ **分析**

　　例①的"讨论的时间"是做状语，表示"日本学生常常不说话"这种情况发生的时间，"时间"应改为"时候"；例②的"我做作业的时间"也是做状语，表示"喜欢听音乐"这种情况发生的时间，"时间"也应改为"时候"。

　　日本学生出现这种错误，是"时间"、"时候"意义和用法相近的缘故。正因为这两个词既有相同之处，又有不同之处，所以他们常常搞不清楚，很容易把二者混同起来。

📖 **链接："时间"和"时候"的区别**

　　"时间"、"时候"都能表示一段时间和时间里的某一点，但二者有着很大的区别。

　　1. "时间"可以单独做主语和宾语，"时候"则很少单独做主语和宾语。例如：

　　　　① **时间**不早了。　— **时候**不早了。

　　　　② **时间**用完了。　— ***时候**用完了。

③ 今天有**时间**。 — *今天有**时候**。

④ 你在浪费**时间** — *你在浪费**时候**。

2. "时候"经常组成"（当/在）……的时候"这样的结构，放在句子前面做状语；"时间"常组成"（在）……时间+里/内"这样的结构做状语。例如：

① 考试的**时候**，谁都不能看书。

② 忙的**时候**，星期天都不休息。

③（当）我们还在火车上的**时候**，他们已经到家了。

④（在）别人需要他帮助的**时候**，他总是毫不犹豫。

⑤（在）这段**时间里**，你哪儿也别去。

⑥（在）两天**时间**内，必须完成任务。

3. "时间"可以被很多名词修饰，而"时候"只能被"晚饭、午饭、晚会、大学、中学、春天、秋天"等少数名词修饰。例如：

① 不要浪费老师的**时间**。—* 不要浪费老师的**时候**。

② 晚饭的**时间**还没到。 —晚饭的**时候**再说吧！

三、误用"里"、"后"代替"里边/面"、"后边/面"

📖 **例句**

误：

① *山本坐在我**里**。

② *妈妈**后**是我妹妹。

正：

③ 山本坐在我**里边/面**。

④ 妈妈**后边/面**是我妹妹。

☞ **分析**

单纯方位词"里"、"后"等前面一般不能出现人称代词或指人的名词（短语）。例①的"我"、例②的"妈妈"分别是人称代词和指人的名词，后面分别用了"里"和"后"，句子不成立，"里"应改为"里边／面"，"后"应改为"后边／面"。

"里"和"里边／面"、"后"和"后边／面"（类似的还有"外"和"外边／面"、"上"和"上边／面"、"下"和"下边／面"等）意义相同，用法也有相同之处，正因为如此，日本学生常把它们等同起来，该用"里边／面"、"后边／面"时往往用了"里"和"后"。

📖 **链接："里"和"里边／面"、"后"和"后边／面"的区别**

1."里边／面"、"后边／面"可以单独做主语、宾语和定语，"里"、"后"一般不行。例如：

① **里边／面**没有人了。　— *里没有人了。

后边／面没有人了。　— *后没有人了。

② 衣服放**里边／面**。　— *衣服放里。

衣服放**后边／面**。　— *衣服放后。

③ **里边／面**的人都走了。　— *里的人都走了。

后边／面的人都走了。　— *后的人都走了。

2.汉语中有"名词＋的＋里边／面"，但没有"名词＋的＋里"。例如：

① **抽屉的里边／面**放着一些钱。—*抽屉的里放着一些钱。

② **床的里边／面**睡着一个孩子。—*床的里睡着一个孩子。

⭐ **注意**

"名词＋的＋里边／面"和"名词＋里边／面"意思不一样：

教室的里边／面坐着一个人。≠**教室里边／面**坐着一个人。

"教室的里边 / 面"是指教室内靠近里边的部分,"教室里边 / 面"是指教室内的任何地方。"教室的里边 / 面"的重音在"里边 / 面"上,"教室里边 / 面"的重音在"教室"上。

3."人称代词 / 指人的名词(短语)+ 里边 / 面"和"人称代词 / 指人的名词(短语)+ 后边 / 面"可以说,但"人称代词 / 指人的名词(短语)+ 里 / 后"一般不能说。例如:

① **你里边 / 面**是谁? ——＊**你里**是谁?

你后边 / 面是谁? ——＊**你后**是谁?

② 我坐**哥哥里边 / 面**。——＊我坐**哥哥里**。

我坐**哥哥后边 / 面**。——＊我坐**哥哥后**。

4."里边 / 面"、"后边 / 面"可以单用,"里"、"后"不行。例如:

A:他在哪儿?

B:**里边 / 面**。 ——＊**里**

后边 / 面。 ——＊**后**

四、误用"们"

📄 **例句**

误:

① ＊教室里有三个学生们。

② ＊几个老师们在吃饭。

③ ＊现在去中国旅游的人们越来越多。

④ ＊我们班努力学习的学生们不太多。

正:

⑤ 教室里有三个学生。

15

⑥ 几个老师在吃饭。

⑦ 现在去中国旅游的人越来越多。

⑧ 我们班努力学习的学生不太多。

☞ **分析**

汉语指人的名词可以带"们"表示复数，但是带上"们"以后，不能与表示数量的成分出现在同一个句子中。例①、例②的"学生们"、"老师们"前面分别有数量定语"三个"、"几个"，因此句子不成立，"们"应该删去。

例③、例④的"去中国旅游的人们"、"努力学习的学生们"都带"们"，但谓语中有表示数量的"多"，所以句子也不成立，"们"也应该删去。

日本学生出现这种错误，是受到了英语的影响。英语表示复数时一般要在名词后面加上"s"或"es"，受此影响，他们常在名词后面误用"们"。

📖 **链接：名词带"们"情况**

汉语中一般指人的名词才能带"们"，但并不是任何时候这些名词都可以带上"们"。

1. 指人的名词能带"们"的情况。

（1）指人的名词可以带"们"，带"们"后可以做主语、宾语和定语。例如：

① 老师们都很辛苦。

② 同学们已学过一年汉语。

③ 感谢朋友们！

④ 家长们的努力没有白费！

（2）并列的指人的名词，最后一个可以带"们"。例如：

① 老师、学生们都非常辛苦！

② 部长、局长们都来了。

2. 指人的名词不能带"们"的情况。

句中如果有表示数量的成分，指人的名词不能带"们"，也就是说，表示复数的"们"不能与表示数量的成分同时出现在同一个句子中。下面的说法都是错误的：

① * 这个地方一些同学们去过了。

② * 教室里只有五个学生们。

③ * 我们班家里有钱的学生们不少。

五、"时"和"时候"混用

📋 **例句**

误：

① * 他交给大姑五块钱的**时**，人民币已经半湿了，尽是汗。

② * 我的同屋睡觉的**时**发出很大的声音。

③ * 离开上海**时候**，大家买了很多礼物。

④ * 他坐车**时候**经常看报。

正：

⑤ 他交给大姑五块钱**时**，人民币已经半湿了，尽是汗。/他交给大姑五块钱的**时候**，人民币已经半湿了，尽是汗。

⑥ 我的同屋睡觉**时**发出很大的声音。/我的同屋睡觉的**时候**发出很大的声音。

⑦ 离开上海**时**，大家买了很多礼物。/离开上海的**时候**，大家买了很多礼物。

⑧ 他坐车**时**经常看报。/ 他坐车的**时候**经常看报。

☞ **分析**

动词（短语）做"时"的定语，不能带"的"；动词（短语）做"时候"的定语，必须带上"的"。例①的"他交给大姑五块钱"、例②的"我的同屋睡觉"都是动词短语，做"时"的定语带了"的"，所以句子不成立，"的"应该删去，或者把"时"改为"时候"。

例③的"离开上海"、例④的"他坐车"也都是动词短语，做"时候"的定语都没带"的"，句子也不成立，应该把"时候"改为"时"，或者在"时候"前面加上"的"。

日本学生出现这种错误，主要是汉语的"时"和"时候"意义相同、用法相近的缘故。正因为如此，他们常常忽视了二者用法上的区别，把它们等同起来。

📖 **链接："时"、"时候"的区别**

"时"和"时候"都可以表示一段时间，但是二者有一些区别。

1. 动词（短语）、形容词（短语）做"时候"的定语要带"的"，做"时"的定语不能带"的"。例如：

① 上课**的时候**不能吃东西。/ 上课**时**不能吃东西。

② 忙**的时候**连午饭都没时间吃。/ 忙**时**连午饭都没时间吃。

2. "这 / 那 + 量词"、"什么"、"任何"可以做"时候"的定语，但不能做"时"的定语。

① 这种时候最好不要出去。　—— *这种时最好不要出去

② 那个时候我们无忧无虑。　—— *那个时我们无忧无虑。

③ 咱们什么时候出发？　　　—— *咱们什么时出发？

④ 任何时候你都可以给我打电话。—— *任何时你都可以给我打电话。

3.“时候”可以用于书面语，也可以用于口语；“时”只能用于书面语。

第二节　动词常见错误

一、误用日语的动词代替汉语的

（一）误用“发表”代替“谈”、“说”、“宣读”、“公布”等

📖 **例句**

误：

　　① * 现在我来**发表**我的意见。

　　② * 他的论文在下午的大会上**发表**。

　　③ * 选举结果什么时候**发表**？

正：

　　④ 现在我来**谈谈**我的意见。

　　⑤ 他的论文在下午的大会上**宣读**。

　　⑥ 选举结果什么时候**公布**？

☞ **分析**

汉语的“发表”可以带“意见”做宾语，但是“意见”前面一般不能出现定语。例①“发表”的宾语是“我的意见”，“意见”前面出现了定语，句子不成立，“发表”应改为“谈谈”。

“发表”虽然可以与“论文”搭配，但是“发表”的意思为“刊登”。例②的“论文”与“发表”搭配，句子不成立，因为“论文”不可能“在下午的大会上刊登”，“发表”应改为“宣读”。

19

例③的"选举结果"与"发表"搭配，句子也不成立，"发表"应改为"公布"。

日本学生出现这种错误，是受到了日语的影响。汉语有"发表"，日语也有"発表"，而且都有相同的汉字"表"。日语的"発表"含有"谈"、"公布"、"宣读"等意思，而汉语的"发表"表示"表达"、"刊登"等意思，意思有相近之处。受日语影响，他们常常用日语"発表"的用法来类推汉语的"发表"。

📖 **链接："发表"的用法**

1. "发表"的对象为文章或文学作品等。例如：

　① 你的**论文发表**了吗？

　② 他一年**发表**了十篇**作品**。

　③ 弟弟十岁时就**发表**了一篇**小说**。

2. "发表"的对象为声明、看法等。例如：

　① 我国政府**发表**了一个严正**声明**。

　② 他们还没有对这件事**发表**任何**看法**。

　③ 请大家就这个问题**发表意见**。

（二）误用"访问"代替"旅游"、"去"等

📋 **例句**

　误：

　　① *爸爸参加旅行团**访问**中国。

　　② *上小学的时候，我**访问**过两次西安。

　正：

　　③ 爸爸参加旅行团到中国去**旅游**。

　　④ 上小学的时候，我**去**过两次西安。

☞ **分析**

汉语的"访问"可以和"中国"等搭配，但是一般指正式的、受对方邀请的。例①"爸爸参加旅行团"不是正式的、受对方邀请的，用"访问"不合适，应改为"爸爸参加旅行团到中国去旅游"。

例②也不是正式的、受对方邀请的，用"访问"也不合适，"访问"应改为"去"。

日本学生出现这种问题，同样是受到了日语的影响。汉语有"访问"，日语有"訪問"，后者是前者的繁体，不仅如此，意义也有相同之处。汉语的"访问"用于正式的场合，使用范围比较窄。日语的"訪問"既可以用于正式场合，也可以用于非正式场合，使用范围比较广。受日语影响，他们经常用日语"訪問"的用法来类推汉语的"访问"。

📖 **链接："访问"的用法**

1."访问"的对象为国家、地区、机构等。例如：

　①美国总统下个月**访问中国**。

　②日本首相田中角荣到**中国访问**过。

　③下星期刘校长应邀去**北大访问**。

2."访问"的对象为人物。例如：

　①记者**访问**了那个**老教授**。

　②这次市场调查**访问**了200名**消费者**。

（三）误用"谈话"代替"聊天"

📄 **例句**

误：

　①＊下课以后，我们在宿舍里**谈话**。

② ＊中国朋友经常和我**谈话**。

正：

③ 下课以后，我们在宿舍里**聊天**。

④ 中国朋友经常和我**聊天**。

☞ **分析**

汉语的"谈话"一般用于正式的场合，非正式的应该用"聊天"。例①、例②都是非正式场合，却用了"谈话"，因此不合适，都应改为"聊天"。

日本学生出现这种错误，是受到了日语的影响，因为日语的"談話"既可用于正式场合，也可用于非正式场合。

📖 **链接："谈话"的主要用法**

1. 两个人或多人在一起说话，多指正式的。例如：

他们在屋里**谈话**呢，你别进去。

2. 用谈话的形式了解情况、做思想工作（多用于上对下）。例如：

校长下午要找你**谈话**，你知道吗？

二、误用"有"代替"是"

📑 **例句**

误：

① ＊（图书馆前面只有书店一个建筑物）图书馆的前面**有**书店。

② ＊我后面**有**山本。

正：

③ 图书馆的前面**是**书店。

④ 我后面**是**山本。

☞ **分析**

"有"表示存在，但这种存在常常不是独一无二的，即意味着还有其他事物。例①图书馆前面只有书店一个建筑物，没有别的建筑物，这种情况下用"有"不合适，"有"应改为"是"。

表示存在的"有"，宾语一般不能是单个专有名词。例②是存在句，"有"的宾语"山本"是专有名词，因此句子不成立，"有"应改为"是"。

"有"和"是"都可以表示存在，但意义和用法有一些差别，日本学生常常忽视这一点，把它们等同起来。

📖 **链接：表示存在的"有"和"是"的区别**

1."是"表示的存在常常是独一无二的，即除了某种事物以外，没有其他事物；而"有"表示的存在却不是这样。例如：

①桌子上**是**书。（意思为"桌子上除了书以外，没有别的东西"）

②图书馆前面**是**邮局。（意思为"图书馆前面除了邮局以外，没有别的建筑物"）

③桌子上**有**书。（意思为"桌子上除了书以外，还有别的东西"）

④图书馆前面**有**一个邮局。（意思为"图书馆前面除了有邮局之外，还有别的建筑物"）

2."有"的宾语一般不能是一个专有名词（列举或对比时除外），"是"可以。例如：

①＊海淀区有**北京大学**。　　—北边是**北京大学**。

②＊天安门广场有**天安门**。　　—前面是**天安门**。

三、误用"做"

📄 **例句**

误：

①＊他毕业以后，想在那个公司**做**工作。

②＊放假的时候，我在饭馆**做**打工。

正：

③他毕业以后，想在那个公司工作。

④放假的时候，我在饭馆打工。

☞ **分析**

"工作"、"打工"是动词，动词前面不能再加上动词"做"。例①的"工作"、例②的"打工"前都有"做"，所以句子不成立，"做"都应该删去。

日本学生出现这种错误，是受到了日语的影响。"想在那个公司工作"、"我在饭馆打工"用日语表达分别为：

（1）あの会社で仕事をしたいてす。

（2）私はレストランでアルバイトをしています。

直译成汉语就是"想在那个公司做工作"和"我在饭馆做打工"。

四、"能"、"可以"、"会"混用

📄 **例句**

误：

①＊我能说汉语，哥哥不能。

②＊我们学了一年汉语，但是我们**不能**说。

③＊他可以去，你不**可以**去。

正：

④我**会**说汉语，哥哥不**会**。

⑤我们学了一年汉语，但是我们不**会**说。

⑥他可以去，你不**能**去。

☞ **分析**

"能"表示具有某种能力，"会"表示学习后具有某种能力。例①的"说汉语"、例②的"说（汉语）"都是学习后具有的能力，"能"应改为"会"。

"可以"的否定多用"不能"。例③的"不可以"应改为"不能"。

日本学生出现这种错误大概有两个原因：一是"能"、"可以"和"会"日语中都是できる，受此影响，他们以为汉语的"能"、"可以"和"会"也相同。二是汉语的"能"、"可以"和"会"意思上有相同或相近的地方，他们常常只注意这些词相同或相近的一面，而忽视了它们之间的区别。

📖 **链接："能"、"可以"、"会"的异同**

1."能"、"可以"、"会"都表示具有某种能力，但"会"表示的能力一般是学习后获得的。例如：

①哥哥**能 / 可以**从这儿跳过去，我不行。

②山本学过半年汉语，他**会**说。

2."能"、"可以"都表示"许可"，"能"用于疑问句和否定句，"可以"用于疑问句和肯定句。例如：

①A：我**能**看一下吗？

25

  B：你**不能**看。

 ②A：弟弟**可以**跟我一起去吗？

  B：**可以**。

 3.“能”、“会”都表示善于做某事，但“能”表示量多，“会”表示做得好。例如：

 ①他真**能**喝，已经喝了六瓶啤酒了！

 ②爸爸真**会**说，妈妈听了爸爸的话就不生气了。

 4.“能”、“会”都表示推测，但“能”前不能加“不”，“会”可以。例如：

 ①A：这么大的雨，他**会**来吗？

  B：他**会**来的。/他**不会**来了。

 ②A：这么大的雨，他**能**来吗？

  B：他**能**来。/＊他**不能**来了。①

 ③我觉得明天**不会**下雨。

 ④＊我觉得明天**不能**下雨。

 5.“能”、“可以”都表示具有某种用途，但“可以”不能用于否定形式，“能”可以。例如：

 ①西瓜皮**能**/**可以**吃，你知道吗？

 ②发芽的土豆**不能**/＊**不可以**吃。

 6.“能”、“可以”都表示可能。例如：

 ①这儿太小，只**能**放一张桌子。

 ②这儿大点儿，**可以**放两张桌子。

---

 ① “他不能来了。”句子本身是成立的，但就不表示推测而表示可能了。

表4　"能"、"可以"、"会"的异同

意义	词语		
	能	可以	会
具有某种能力	√	√	√（学习后获得）
许可	√（用于疑问句、否定句）	√（用于疑问句、肯定句）	×
善于做某事	√（量多）	×	√（做得好）
推测	√（前不能加"不"）	×	√（前可加"不"）
具有某种用途	√	√（不用于否定句）	×
有可能	√	√	×

五、漏用能愿动词

📑 **例句**

误：

①＊只要努力，就学好。

②＊我觉得帮助他。

③＊在中国，父母为孩子付出一切。

正：

④只要努力，就**能/会**学好。

⑤我觉得**能/可以**帮助他。

⑥在中国，父母**能/可以/会**为孩子付出一切。

☞ **分析**

例①"努力"是"学好"的条件，"学好"是一种推测的结果，但"学好"前没有使用表示推测的"能"或"会"，因此句子不成立，应在"学好"前加上"能"或"会"。

"能"、"可以"都可以表示具有某种能力，例②的"帮助他"是"我"具有的能力，应在前面加上"能"或"可以"。

例③的"为孩子付出一切"是一种可能或推测，并非断言，应在前面加上表示可能的"能"或"可以"，或者加上表示推测的"会"。

日本学生出现这种错误，也是受到了日语的影响。日语中虽然有可能助动词"れる"、"られる"，但是它们都是放在动词后面的。正因为如此，他们常会忘了在动词前用上能愿动词。

六、"以为"和"认为"混用

📑 **例句**

误：

①＊我**认为**他是哥哥，结果他是弟弟。

②＊我们都**认为**李红是女老师，可是他是男老师。

③＊他**以为**自己这次考得不错，大概能考 90 分。

正：

④我**以为**他是哥哥，结果他是弟弟。

⑤我们都**以为**李红是女老师，可是他是男老师。

⑥他**认为**自己这次考得不错，大概能考 90 分。

☞ **分析**

"认为"和"以为"是近义词，都能表示判断，但是"认为"表示的判断正确与否并不重要，而"以为"表示的判断常常是错误的。例①的"他是哥哥"、例②的"李红是女老师"两个判断都是错误的，因此"认为"应改为"以为"。

例③的"自己这次考得不错"只是一种判断，正确与否并不清楚，"以为"应改为"认为"。

日本学生出现这种错误有两个原因：一是"认为"、"以为"日语中都是"思う"，受此影响，他们以为汉语的"认为"、"以为"也没有区别。二是他们使用时只注意到了"以为"和"认为"的相同或相近之处，而忽视了二者的区别。

📖 **链接："以为"和"认为"的区别**

1."认为"表示对人或事物的判断，这种判断可能是对的，也可能是错的。例如：

　　① 我**认为**这件衣服不错。

　　② 大家都**认为**她做得对。

　　③ 你可以这么**认为**，但是我不赞成。

2."以为"表示对人或事物的判断，但这种判断一般是错误的。例如：

　　① 我**以为**今天星期六，原来是星期天。

　　② 你们都**以为**汉语很难，可是汉语真的不难！

　　③ 大家都**以为**王老师二十多岁，实际上她已经三十多了。

七、重叠式使用中的错误

（一）误用重叠式

📄 **例句**

　误：

　　① *有一天，他们两个去饭馆**喝喝**酒。

　　② * 他给小春他刚才**玩玩儿**的东西。

　正：

　　③ 有一天，他们两个去饭馆**喝**酒。

　　④ 他给小春他刚才**玩儿**的东西。

☞ **分析**

　　如果动词表示的动作行为要经过一个过程才能完成，而且动作行为已经发生，不能用重叠式。[①]例①的"喝"要经过一个过程才能完成，并且"喝"已经发生，但却用了重叠式，因此句子不成立，"喝喝"应改为"喝"。

　　动词重叠式充当谓语动词的短语不能做定语。例②的"他刚才玩玩儿"做定语了，所以句子不成立，"玩玩儿"应改为"玩儿"。

　　日本学生出现这种错误，是过度类推的结果。汉语的动词重叠式表示动作重复发生，他们误以为所有动作重复发生的情况都可以用重叠式。

　（二）漏用重叠式

📄 **例句**

　误：

　　① * 老师，再给我**讲**这个语法吧。

　　② * 这个周末，我想再**参观**长城。

　正：

　　③ 老师，再给我**讲讲**这个语法吧。

　　④ 这个周末，我想再**参观参观**长城。

　　① 　参见《实用现代汉语语法》（增订本），第164页。

☞ **分析**

祈使句中使用动词重叠式，句子的语气比较缓和。例①是祈使句，"讲"改为"讲讲"比较得体。

例②表达的是主观愿望，这种情况下用动词重叠式比较好，"参观"应改为"参观参观"。

日本学生出现这种错误，是回避使用重叠式的结果。重叠式不仅表示特定的语法意义，而且还有其他附加意义和使用条件，由于没有把握，他们常常回避使用。

（三）不能重叠的重叠了

📄 **例句**

误：

①＊很多学生都**怕怕**这位老师。

②＊每天**上上**学的时候，我都自己去。

正：

③很多学生都**怕**这位老师。

④每天上学的时候，我都自己去。

☞ **分析**

汉语中不是所有的动词都可以重叠，如果动词表示心理状态或者表示的动作在某一段时间内不能经常重复，一般不能重叠。例如：

怕→＊怕怕　　上学→＊上上学

"怕"表示心理状态，一个人不可能在一天内不断重复"上学"这个动作，所以都不能重叠。

日本学生出现这种错误，是过度类推的结果。因为汉语的动作动词很多都可以重叠，因此他们以为动词都可以重叠。

（四）重叠方式错误

📃 **例句**

误：

① *今天天气不错，咱们去**散步散步**吧。

② *刚才我跟他一起**游泳了游泳**。

正：

③ 今天天气不错，咱们去**散散步**吧。

④ 刚才我跟他一起**游了游泳**。

☞ **分析**

离合词只能第一个语素重叠，即采用 AAB 式。例①、例②的"散步"、"游泳"都是离合词，只能是"散"、"游"重叠，"散步散步"应改为"散散步"，"游泳了游泳"应改为"游了游泳"。

日本学生出现这种错误，也是过度类推的结果。汉语双音节动词的重叠式一般是 ABAB 式。例如：

休息→休息休息　讨论→讨论讨论　打听→打听打听

正因为如此，他们以为离合词的重叠式也是 ABAB 式。

（五）重叠式的宾语错误

📃 **例句**

误：

① *你去**查查**一本书。

② *星期天我喜欢在宿舍**听听**一些音乐。

正：

③ 你去**查查**书。

④ 星期天我喜欢在宿舍**听听**音乐。

☞ **分析**

重叠式的宾语不能是数量（名）短语。例①、例②的宾语都是数量（名）短语，所以句子不成立。例①、例②的"一本"、"一些"应该删去。

日本学生出现这种错误，同样是过度类推的结果。汉语的动词可以带数量（名）短语做宾语。例如：

（1）我买了**一本**词典。

（2）大家喝了**一箱**啤酒。

（3）他要**一件**。

正因为这样，他们以为动词重叠式也可以带数量（名）短语做宾语。

（六）重叠式误做定语

📄 **例句**

误：

① *这就是我想**说说**的事。

② *公园里有很多**玩玩**的人。

正：

③ 这就是我想**说**的事。

④ 公园里有很多**玩**的人。

☞ **分析**

重叠式不能做定语，例①、例②的"说说"、"玩玩"都做了定语，所以句子不成立，"说说"、"玩玩"应分别改为"说"和"玩"。

日本学生出现这种错误，也是过度类推的结果。因为汉语的动词可以做定语，所以他们误以为重叠式也可以做定语。

📖 **链接：动词重叠式**

1. 动词重叠的方式。

（1）单音节动词。

单音节动词的重叠式是 AA 或 A—A（A 代表动词），AA 中的第二个音节一般轻读，即读成 A·A（"·"表示后一个 A 轻读）；A—A 中的"一"轻读，即读成 A·—A。例如：

看→看·看（kàn·kan）/ 看·一看（kàn·yi kàn）

听→听·听（tīng·ting）/ 听·一听（tīng·yi tīng）

讲→讲·讲（jiǎng·jiang）/ 讲·一讲（jiǎng·yi jiǎng）

写→写·写（xiě·xie）/ 写·一写（xiě·yi xiě）

（2）双音节动词。

双音节动词的重叠式一般是 ABAB 式（A、B 代表动词的两个音节），第二、四个音节轻读，即读成 A·BA·B。例如：

学习→学·习学·习（xué·xi xué·xi）

休息→休·息休·息（xiū·xi xiū·xi）

研究→研·究研·究（yán·jiu yán·jiu）

有少数双音节动词，两个动词语素表示的是两种动作行为，像"说笑、来往、拖拉、打闹、吹打、缝补"，这些动词的重叠式是 AABB 式。例如：

说笑→说说笑笑　　打闹→打打闹闹

来往→来来往往　　吹打→吹吹打打

拖拉→拖拖拉拉　　缝补→缝缝补补

（3）离合词。

离合词的重叠式是 AAB 式。例如：

洗澡→洗洗澡

睡觉→睡睡觉

游泳→游游泳

2. 动词重叠式的语法意义。

动词重叠式的基本语法意义是表示动作重复。例如：

①　不会的时候，可以**看看**书。

②　大家一起**讨论讨论**，也许就明白了。

③　别着急，你再**找找**！

3. 可以重叠的动词和不能重叠的动词。

汉语的动词有的可以重叠，有的不能。能重叠的一般都是表示动作行为的动词。例如：

看→看看 / 看一看　　　说→说说 / 说一说

问→问问 / 问一问　　　打→打打 / 打一打

唱→唱唱 / 唱一唱

不能重叠的动词很多，下列动词都不能重叠：

（1）趋向动词，如"来、进、出、上、下、进去、出去"等；

（2）心理状态动词，如"怕、恨、爱、害怕、喜欢"等；

（3）关系动词，如"在、是、有、属于、存在"等；

（4）能愿动词，如"能、会、要、肯、可以、应该、应当"等；

（5）不可控动词，如"睡、生病、发烧、感冒、咳嗽、发抖"等；

（6）非持续动词，如"结婚、离婚、出发、发现、关闭、停止、胜利"等；

（7）使令性动词，如"使、令、叫、让、准、容许"等。

4. 动词重叠式使用时应注意的问题。

（1）动词重叠式常用于祈使句中，语气比较缓和。例如：

①　你**看看**书，也许能找到答案。

② 这个问题，咱们**问问**老师吧！

（2）动词重叠式可以表示经常性的或没有确定时间的动作，含有"轻松"、"随便"的意思。例如：

① 在家**看看**书，**听听**音乐，挺舒服的。

② 出去**走走**，到处**看看**，就不会有烦恼了。

（3）动词重叠式经常用于表达主观愿望，含有委婉的意思。例如：

① 这个语法有点难，希望老师再**讲一讲**。

② 毕业后，我想去中国**看看**。

（4）动词重叠式很少有否定式，只有下面两种情况才可以。

A. 用于疑问句或反问句。例如：

① 这个问题这么难，老师**没讲讲**吗？

② 明天考试，你怎么**不复习复习**？

B. 用于假设或条件句中，这种情况下多是双音节动词的重叠式。例如：

① **不研究研究**就没有发言权，你还是好好研究研究再说吧。

② 这种孩子，**不教训教训**不行。

（5）动词重叠式后面不能带"了"、"着"、"过"，前面不能出现"正"、"正在"、"在"表示进行的副词。

（6）动词重叠式带的宾语的类型。

A. 名词（短语）。例如：

① 怎么走，咱们看看**地图**吧！

② 这道题我也不会，你去问问**老师**。

③ 现在请大家谈谈**自己的感想**。

④ 你好好研究研究**这个问题**吧！

B. 代词或"代词+（数词）+量词"。例如：

① 他太忙了，你去帮帮**他**！

② 那件不合适，试试**这（一）件**吧！

C. "的"字短语。例如：

① 请你看看**我的**，行吗？

② 大家尝尝**我做的**，怎么样？

③ 弟弟摸摸**大的**，又摸摸**小的**，好像两个玩具都很喜欢。

D. 主谓短语。例如：

① 你应该好好想想**我这么做是为了谁**。

② 让他去调查调查**这事是谁干的**？

第三节　形容词常见错误

一、误用日语的形容词代替汉语的

（一）误用"低"代替"矮"

📑 **例句**

误：

① *我个子高，弟弟比较**低**。

② *这棵树很**低**。

正：

③ 我个子高，弟弟比较**矮**。

④ 这棵树很**矮**。

☞ **分析**

"矮"表示身材短、高度小，指的是物体从上到下的垂直距离；"低"表示离地面近，指的是物体离地面的空间距离。正因为如此，它们的搭配对象也就有所不同。例①、例②指的是身材和高度，应该用"矮"。

日本学生出现上面的错误，是受到了日语的影响。"低"和"矮"日语都是"低い"。例如：

（1）背が低い。

（2）レベルが低い。

例（1）意思为"个子矮"，例（2）意思为"水平低"，日语用的都是"低い"。"低い"中的"低"，与汉语的"低"是同一个汉字，正因为如此，他们常常用"低"代替"矮"。

📖 **链接："低"和"矮"的区别**

1."矮"表示身材短、高度小。例如：

① 妹妹个子很**矮**。

② 那张桌子有点**矮**。

2."低"表示离地面近或水面的高度小。例如：

① 飞机在**低**空飞行。

② 几个月没下雨，河里的水位太**低**了。

"低"表示在一般的标准或平均程度之下。例如：

① 我的汉语水平比他的**低**。

② 以前妇女的社会地位很**低**，现在不一样了。

（二）误用"广"代替"宽"

📄 **例句**

误：

①* 这里的公路不广。

②* 北京的马路很广。

正：

③ 这里的公路不**宽**。

④ 北京的马路很**宽**。

☞ **分析**

"广"表示面积、范围大，"宽"表示横的距离大。例①、例②说的分别是"公路"、"马路"横的距离，因此不应该用"广"，"广"应改为"宽"。

日本学生出现这种问题，也是受到了日语的影响。汉语的"广"和"宽"日语都是"広い"，即日语的"広い"既有"广"的意思，又有"宽"的意思。不仅如此，日语的"広"和汉语的"广"字形也相近。受此影响，该用"宽"时他们往往用了"广"。

📖 **链接："广"和"宽"的区别**

1．"广"表示面积、范围大。例如：

① 那儿地**广**人稀。

② 这个故事流传很**广**。

③ 她的知识面很**广**。

2．"宽"表示横的距离大。例如：

① 哥哥的肩膀比我的**宽**。

② 那条河**宽**得很，游不过去。

（三）误用"寒"代替"冷"

📋 **例句**

误：

① * 今天天气很**寒**。

② * 教室里有点**寒**。

正：

③ 今天天气很**冷**。

④ 教室里有点**冷**。

☞ **分析**

汉语的"寒"和"冷"是同义词，但是"寒"一般不能做谓语。例①的"很寒"、例②的"有点寒"都做了谓语，句子不成立，"寒"应改为"冷"。

日语中"寒"和"冷"不分，都是"寒い"，"寒い"与汉语的"寒"有相同的汉字"寒"，受此影响，日本学生常用"寒"代替汉语的"冷"。

二、误用"暖"代替"暖和"

📑 **例句**

误：

① *今天比昨天**暖**。

② *教室里很**暖**。

正：

③ 今天比昨天**暖和**。

④ 教室里很**暖和**。

☞ **分析**

汉语中既有"暖和"，也有"暖"，日语中只有"暖かい"，二者都有共同的汉字"暖"。但是汉语的"暖"常用在固定短语中，如"春暖花开"、"风和日暖"，一般不单独使用。受汉语和日语的影响，日本学生常用"暖"代替"暖和"。

三、重叠式使用中的错误

（一）误用重叠式

📄 **例句**

　　误：

　　　①＊我们的教室**干干净净**，他们的却很脏。

　　　②＊北京大学**漂漂亮亮**，我很喜欢。

　　正：

　　　③我们的教室**干干净净的**，他们的却很脏。/我们的教室**很干净**，他们的却很脏。

　　　④北京大学**漂漂亮亮的**，我很喜欢。/北京大学**很漂亮**，我很喜欢。

☞ **分析**

　　形容词重叠式做谓语一般要带"的"。例①的"干干净净"、例②的"漂漂亮亮"后面没有"的"，因此句子不成立，"干干净净"、"漂漂亮亮"后面应该加上"的"，也可以把"干干净净"、"漂漂亮亮"分别改为"很干净"和"很漂亮"。

　　日本学生出现这种错误，是过度类推的结果。汉语的形容词可以做谓语，因此他们以为形容词重叠式也可以直接做谓语。

（二）漏用重叠式

📄 **例句**

　　误：

　　　①＊大家**慢地**往前走，不要着急！

　　　②＊他跑得很快，把我**远地**落在后面。

正：

③ 大家**慢慢地**往前走，不要着急！

④ 他跑得很快，把我**远远地**落在后面。

☞ **分析**

单音节形容词除了"多、少、早、晚、快、真、假"等极少数可以做状语以外，一般重叠后才能做状语。例①、例②的形容词"慢"和"远"都做了状语，句子不成立，"慢"应改为"慢慢"，"远"应改为"远远"。

日本学生出现这种错误，大概是过度类推的结果。汉语中有些单音节形容词可以做状语，正因为如此，他们以为单音节形容词都可以做状语。汉语双音节形容词做状语一般可以带"地"，所以他们以为单音节形容词做状语也可以带"地"。

（三）不能重叠的重叠了

▤ **例句**

误：

① *她每天都打扮得**美美丽丽的**。

② *这儿的东西都**便便宜宜的**。

正：

③ 她每天都打扮得**很美丽**。

④ 这儿的东西都**很便宜**。

☞ **分析**

汉语中书面语色彩较浓的形容词不能重叠。例①的"美丽"书面语色彩较浓，但却用了重叠式，所以是错误的，"美美丽丽"应改为"很美丽"。

汉语口语双音节性质形容词一般可以重叠，但也有一些不能重叠，如"便宜"、"麻烦"、"容易"、"顺手"、"幸福"等。例②的"便宜"重叠了，句子不成立，"便便宜宜"应改为"很便宜"。

日本学生出现这种错误，是受到了汉语的影响。因为汉语中的大多数口语双音节性质形容词可以重叠，所以他们误以为形容词都可以重叠。

（四）重叠方式错误

📄 **例句**

误：

①＊下个星期一考试，我要**认真认真**地复习。

②＊他刚从外边回来，手**冰冰凉凉**的。

正：

③下个星期一考试，我要**认认真真**地复习。

④他刚从外边回来，手**冰凉冰凉**的。

☞ **分析**

双音节形容词的重叠方式有两种：性质形容词的重叠式是AABB式，像"高兴"，重叠式是"高高兴兴"；"干净"，重叠式为"干干净净"。状态形容词的重叠式是ABAB式，像"雪白"，重叠式为"雪白雪白"；"通红"，重叠式为"通红通红"。例①的"认真"是性质形容词，重叠式只能是"认认真真"。例②的"冰凉"是状态形容词，重叠式只能是"冰凉冰凉"。

日本学生出现这种错误，是因为汉语双音节性质形容词（像"漂亮、干净、清楚、认真、健康"等）和双音节状态形容词（像"通红、雪白、冰凉、漆黑、笔直"等）的重叠方式不同，前者的重叠式是 AABB 式，后者的重叠式是 ABAB 式。正因为这样，所以他们常常搞不清楚，该用 AABB 式时却用了 ABAB 式，该用 ABAB 式时反倒用了 AABB 式。

📖 **链接：形容词重叠式**

1. 形容词重叠的方式。

（1）单音节形容词。

单音节形容词的重叠式是 AA（A 代表形容词），AA 中的第二个音节一般读第一声，口语中常常儿化。例如：

> 慢→慢慢儿（mànmānr）　　远→远远儿（yuǎnyuānr）

> 好→好好儿（hǎohāor）

⭐ **注意** ────────────

这种重叠式做谓语、定语和补语时要带"的"。

（2）双音节形容词。

双音节性质形容词的重叠式是 AABB 式（A、B 代表形容词的两个音节）。例如：

> 干净→干干净净　　漂亮→漂漂亮亮　　清楚→清清楚楚

双音节状态形容词的重叠式是 ABAB 式。例如：

> 雪白→雪白雪白　　通红→通红通红　　碧绿→碧绿碧绿

2. 形容词重叠式的语法意义。

形容词重叠式做定语表示程度适中，有时还带有喜爱的感情色彩。例如：

> ① 他爱人**高高**的个儿，**大大**的眼睛，挺好看的。

> ② 那个女孩**长长**的头发，**圆圆**的脸，长得像个洋娃娃。

形容词重叠式做状语的基本语法意义是表示程度加深。例如：

①**慢慢**说，别着急！

②这次考试一定要**认认真真**复习。

3.可重叠的形容词和不能重叠的形容词。

形容词有的可以重叠，有的不能重叠。能重叠的都是常用的形容词或口语形容词，书面语形容词一般不能重叠。例如：

大→大大	长→长长
干净→干干净净	漂亮→漂漂亮亮
美丽→＊美美丽丽	困难→＊困困难难
坚强→＊坚坚强强	痛苦→＊痛痛苦苦

此外，区别词也不能重叠。例如：

男→＊男男	女→＊女女
大型→＊大大型型	彩色→＊彩彩色色

4.形容词重叠式的语法功能。

（1）做谓语。

形容词重叠式经常用作谓语，但一般要带"的"。例如：

①孩子的脸**红红的**，不会是病了吧？

②身体**健健康康的**，比什么都好！

（2）做定语。

做定语是形容词重叠式的基本语法功能，但也要带"的"。例如：

①他儿子**圆圆的**脸，**高高的**鼻子，挺招人喜欢的。

②李老师是个**地地道道的**北京人。

（3）做状语。

形容词重叠式经常用作状语。例如：

① 大家**好好**讨论讨论这个问题！

② **慢慢**喝！别着急！

③ 同学们都**平平安安**地来到了北京，这下我就放心了。

第四节　代词常见错误

一、误用"你"代替"您"

📄 **例句**

　　误：

　　　①＊**老师**，**你**家有几个人？

　　　②A：＊**你**多大岁数？

　　　　B：我八十岁了。

　　正：

　　　③老师，**您**家有几个人？

　　　④A：**您**多大岁数？

　　　　B：我八十岁了。

☞ **分析**

　　对尊长一般要用敬称"您"，不宜用"你"。例①的"老师"、例②的"你"都是尊长，"你"都应改为"您"。

　　日本学生出现这种错误，是受到了日语的影响。汉语的"你"和"您"日语都是"あなた"，而"あなた"可以用于任何人，也就是说日语中没有专门用来称代尊长的第二人称代词。受日语影响，该用"您"时他们常常用了"你"。

二、误用"几"代替"多少"

📑 **例句**

误：

　　①A：*你的手机几块钱？

　　　B：两千五。

　　②A：*这个电子词典几块钱？

　　　B：八百。

正：

　　③A：你的手机**多少钱**？

　　　B：两千五。

　　④A：这个电子词典**多少钱**？

　　　B：八百。

☞ **分析**

"几＋量词＋名词"一般用于对"十"以下的数量进行提问。例①的"手机"两千五（一般情况下不会低于十块），例②的"电子词典"八百（一般情况下也不会低于十块），不应该用"几"，"几"都应改为"多少"，同时删去量词"块"。

"多少"和"几"都可以用来提问数量，而且提问的数量有交叉的地方，受此影响，日本学生有时会忽视"多少"和"几"用法上的差别，误用"几"代替"多少"。

📖 **链接："几"和"多少"的区别**

1."几＋量词＋（名词）"一般用来问"一"到"十"之间的数

47

字，"多少 +（量词）+ 名词"可以用来问任何数字。例如：

  ① A：你家有**几**口人？

   B：三口。

  ② A：你弟弟**几**年级？

   B：二年级。

  ③ A：她有**几**个孩子？

   B：两个。

  ④ A：你们班有**多少**人？

   B：九个。

  ⑤ A：你这次花了**多少**钱？

   B：一千。

  2. "几 + 量词 + 名词"中的"量词"不能省略，"多少 + 量词 + 名词"中的"量词"可以省略。例如：

  ① 今天来了**几**个人？

  ② 你买了**几**本书？

  ③ 今天来了**多少**（个）人？

  ④ 你买了**多少**（本）书？

  3. "几 + 个 / 十 / 百 / 千 / 万 / 十万 / 百万 / 千万 / 亿"，"多少 + 个 / 万 / 亿"。例如：

  ① 这事已经过去**几**十年了，不说了。

  ② 这次出国旅游我花了**几**万块钱。

  ③ 那个城市有**几**百万人口？

  ④ 你知道中国有**多少**亿人吗？

  4. "几 + 点 / 号"。例如：

　　① A：现在**几点**？

　　　B：十二点。

　　② A：今天**几号**？

　　　B：二十号。

5."哪＋几＋量词"。例如：

　　① 告诉我，**哪几件**衣服有问题？

　　② 你知道**哪几个**人不想去吗？

三、误用"别的"代替"另外"

📑 例句

误：

　　① ＊有一个女人想跟**别的**三个女人出去。

　　② ＊今天考一门，**别的**一门明天考。

正：

　　③ 有一个女人想跟**另外**三个女人出去。

　　④ 今天考一门，**另外**一门明天考。

☞ 分析

　　汉语的"别的"和"另外"都可以表示上文所说的范围之外的人或事，但是用法不同。"别的"只能做名词的定语，不能出现在数量（名）短语前面。例①的"别的"在数量名短语"三个女人"前面、例②的"别的"在数量短语"一门"前面，因此句子都不成立，都应改为"另外"。

　　日本学生出现这种错误，是因为"别的"和"另外"意思相近，因此，他们常常把二者等同起来。

四、误用"怎么样"代替"什么样"

📖 **例句**

误：

① * 我想知道中国人喜欢**怎么样**的演员。

② * 你买了**怎么样**的书包？

正：

③ 我想知道中国人喜欢**什么样**的演员。

④ 你买了**什么样**的书包？

☞ **分析**

"怎么样"一般不做名词的定语。例①、例②的"怎么样"分别做了"演员"和"书包"的定语，所以句子不成立，应改为"什么样"。

"怎么样"和"什么样"组成成分基本相同，用法也有相同之处，"怎么样"可以带"的"做数量名短语的定语，"什么样"也可以带"的"做数量名短语的定语。正因为如此，日本学生经常把它们混同起来。

📖 **链接："怎么样"和"什么样"的区别**

1. "怎么样"多做状语、补语和宾语，很少做名词（短语）的定语。例如：

① **怎么样**才能学好汉语？

② 你看看，我写得**怎么样**？

③ 现在觉得**怎么样**？好一些了吗？

2. "什么样"一般做名词（短语）的定语，不能做状语、补语和宾语。例如：

　　① 你知道他是一个**什么样**的人吗？

　　② 她喜欢**什么样**的东西？

　　③ 这儿**什么样**的衣服都有。

　　3.“怎么样”、“什么样”都可以做数量名短语的定语。例如：

　　① 山本是**怎么样**（的）一个学生？

　　② 那所大学是**怎么样**（的）一所大学，你清楚吗？

　　③ 我们都知道他是**什么样**（的）一个人。

　　④ 你想去的大学是**什么样**（的）一所大学？

五、“怎么”和“怎么样”混用

📑 **例句**

　　误：

　　① ＊明天**怎么**？

　　② ＊咱们**怎么样**去？

　　正：

　　③ 明天**怎么样**？

　　④ 咱们**怎么**去？／咱们**怎么样**去那儿？

☞ **分析**

　　“怎么”不能单独做谓语。例①的“怎么”做了谓语，句子不成立，应改为“怎么样”。

　　“怎么样”可以用于提问动作行为的方式，但谓语动词一般不能是光杆动词。例②的谓语动词为光杆动词“去”，所以句子不成立，“怎么样”应改为“怎么”，或“去”后加上“那儿”。

"怎么"和"怎么样"有相同的组成成分，意义也有相同之处，不仅如此，用法上也有相似之处，如都可以用在动词（短语）前对方式进行提问。正因为这样，日本学生很容易把二者混同起来。

📖 **链接："怎么"和"怎么样"的异同**

1."怎么"、"怎么样"都可以用来询问动作行为的方式，但是一般多用"怎么"。例如：

① 你看**怎么**处理这件事？

② 你看**怎么样**处理这件事？

2."怎么"可以用来询问原因，"怎么样"不行。例如：

① 昨天你**怎么**没来上课？

② ＊昨天你**怎么样**没来上课？

3."怎么样"可以用来询问情状，"怎么"也可以用来询问情状，但后面必须有"了"、"着"等，也就是说"怎么"不能单独做谓语。例如：

① 这件衣服**怎么样**？

② 他的汉语**怎么样**？

③ 小王**怎么**了？

④ 你的手**怎么**啦？

六、"各"和"每"混用

📑 **例句**

误：

① ＊我们班**每**国学生都有。

②＊爸爸很忙，差不多**各**个星期天都不休息。

正：

③我们班**各**国学生都有。

④爸爸很忙，差不多**每**个星期天都不休息。

☞ **分析**

"每"一般不能直接与名词（"人、家、月、星期"等除外）搭配。例①的"每"后面是名词"国"，因此句子不成立，"每"应改为"各"。

"各个"不能与时间词搭配。例②的"各个"与时间词"星期"搭配了，句子也不成立，"各"应改为"每"。

"各"和"每"意义相近，用法也有相同之处，如"各"可以做名词的定语，"每"也可以做一些名词的定语。正因为这样，日本学生常常把"各"和"每"混用起来。

📖 **链接："各"和"每"的区别**

1."各+名词"中的"名词"多表示单位、机构；"每+名词"中的"名词"多为时间词。例如：

各国　各省　各校　各单位　各处　各部门　各院校

每日　每月　每星期

2."每+量词+名词"中的"量词"和"名词"的范围很广；"各+量词+名词"中的"量词"多为"个、级、位、种、类、门、项"等，"名词"多为表示单位、机构、人物等方面的。例如：

每个人　每次考试　每条裤子　每件衣服　每架飞机　每张纸

各个国家　各级政府　各个省　各位老师　各种人　各类文件

3."每"可以构成"每+动词+数量"结构，"各"可以组成"各+动词+各+的+名词"结构。例如：

① 这本书**每**看一遍，都有新的收获。

② **每**学一课，都要好好复习复习。

③ 我们**各**吃**各**的东西，谁也不影响谁！

④ 大家**各**做**各**的作业，不准说话。

七、疑问代词位置错误

📋 **例句**

误：

① *大家喜欢吃什么，就**什么**吃。

② *你想去哪儿，就**哪儿**去。

正：

③ 大家喜欢吃什么，就吃**什么**。

④ 你想去哪儿，就去**哪儿**。

☞ **分析**

疑问代词可以组成像"谁……谁……"、"什么……什么……"、"哪儿……哪儿……"等之类的句子，日本学生经常把后一个疑问代词放错地方。例①的"什么"、例②的"哪儿"都应该做宾语，因为汉语只能说"吃什么"、"去哪儿"，不能说"什么吃"、"哪儿去"。

日本学生出现这种错误，是受到了日语的影响。日语的疑问代词要放在动词前面。汉语的"吃什么"、"去哪儿"日语则分别是：

（1）何をたべる？

（2）どこへいく？

直译成汉语分别是"什么吃"、"哪儿去"。正因为如此，他们经常把汉语的疑问代词放在谓语动词前面。

第五节 数词、量词常见错误

一、误用"二"代替"两"

📑 **例句**

误：

①＊现在二点。

②＊我有二个妹妹。

③＊二千九百。

正：

④现在**两**点。

⑤我有**两**个妹妹。

⑥**两**千九百。

☞ **分析**

"二"不能用在量词"点"、"个"前面。例①、例②的"点"、"个"前面都用了"二"，"二"应改为"两"。

"千"为最高位数时，前面不能用"二"。例③"千"前面用了"二"，"二"应改为"两"。

日本学生出现这种错误，大概有两个原因。一是日语的影响。汉语的"二"和"两"日语都是"に"（二）或"ふたつ"，也就是说日语中"二"和"两"不分。受此影响，他们常用"二"代替"两"。

二是汉语中"二"和"两"意义相同，用法上也有一些共同之处。正因为如此，他们常常把二者等同起来，该用"两"时却用了"二"。

📖 **链接："二"和"两"的异同**

1. 分数、小数、序数中用"二"。例如：

$\dfrac{1}{2}$（二分之一） $2\dfrac{1}{2}$（二又二分之一）

2.2（二点二）　3.02（三点零二）　82.22（八十二点二二）

第二　　　　　老二　　　　　二级

2. 号码中用"二"。例如：

212（二幺二）房间　　　522（五二二）路公共汽车

3. "两"可以用在所有量词前面，"二"只能用于传统度量衡量词前。例如：

两个人　　　两件衣服　　　两瓶酒　　　两次　　　两米

*二个人　　*二件衣服　　*二瓶酒　　*二次　　*二米

两斤　　　　两里　　　　　二斤　　　　二里

4. "十"、"百"、"千"、"万"、"亿"前有的用"二"，有的用"两"，大致情况如表5：

表5　"二"和"两"在"十"、"百"、"千"、"万"、"亿"前的使用情况

位数	开头位置		其他位置	
	用"二"还是"两"	例子	用"二"还是"两"	例子
十	二	二十	二	一百二十五
百	二、两	二百、两百	二	一千二百三十
千	两	两千	二、两	一万二（两）千八百
万	两	两万	两	一亿零两万三千
亿	两	两亿	二	一百零二亿

二、误用"左右"代替"前后"

📄 **例句**

误：

① * 十一**左右**我回国。

② * 春节**左右**他要结婚。

正：

③ 十一**前后**我回国。

④ 春节**前后**他要结婚。

☞ **分析**

"左右"一般用在"数词 +（量词）"后面表示概数，不能用在表示时间的名词后面。例①、例②的"十一"和"春节"都是表示时间的名词，后面用了"左右"，所以句子不成立，"左右"应改为"前后"。

"左右"和"前后"都可以表示某一时间稍前到稍后的一段时间，而且用法也有相同之处，如，可以说"八点左右"，也可以说"八点前后"。正因为如此，日本学生常常把它们混同起来。

📖 **链接："左右"、"前后"的区别**

1."左右"一般用在"数词 +（量词）"后面。例如：

三十（岁）**左右**　一星期**左右**　一个月**左右**

一百五十（斤）**左右**

这种概数多用于表示年龄、时间、长度、重量等。

2."前后"一般用在表示时间的名词后面。例如：

新年**前后**　春节**前后**　五一**前后**

3. 量词为"点"、"号"等时，"数词＋量词"后边既可以用"左右"，又可以用"前后"。例如：

　　① 我们六点**左右（前后）**出发。

　　② 12 月 10 号**左右（前后）**有一场大雪。

三、误用"分"代替"分钟"

📑 **例句**

　　误：

　　　　① *二十**分**吃不完。

　　　　② *从我家到学校坐车用了三十**分**。

　　正：

　　　　③ 二十**分钟**吃不完。

　　　　④ 从我家到学校坐车用了三十**分钟**。

☞ **分析**

　　汉语的"分"多用来表示时点，"分钟"表示时段。例①、例②的"二十"、"三十"都是时段，后面都用了"分"，所以句子不成立，"分"应改为"分钟"。

　　日本学生出现这种错误，是受到了日语的影响。日语的"分"既可以表示时点，也可以表示时段。例如：

　　　　（1）A：何時ですか？

　　　　　　　B：一時二十分。

　　　　（2）家からここまで 30 分かかりました。

"一時二十分"意思为"一点二十分"，"30 分かかりました"意思为"花了三十分钟"，前者的"分"表示时点，后者的"分"表示时段。受此影响，他们经常用"分"代替"分钟"。

📖 **链接:"分"和"分钟"的区别**

1."分"一般表示时点,"分钟"表示时段。例如:

① 十二点四十**分**开始上课。

② 现在九点十**分**。

③ 三十**分钟**不够用。

④ 他吃饭只用了十**分钟**。

2.体育竞赛中常用"分"表示时段。例如:

① 他的百米成绩是一**分**十一秒。

② 那个马拉松运动员用了两小时三十**分**才跑完全程。

四、误用"回"代替"次"

📑 **例句**

误:

① *我三**回**访问中国。

② *这个月只开了一**回**会。

正:

③ 我三**次**访问中国。

④ 这个月只开了一**次**会。

☞ **分析**

"数词＋回"不能与"访问"、"会"搭配。例①、例②的"回"都应改为"次"。

日本学生出现这种错误,是受到了日语的影响。汉语的量词"回"和"次"日语都是"回",也就是说"回"和"次"在日语中是不分的。正因为这样,该用"次"时他们常用"回"。

📖 **链接："回"和"次"的区别**

1. "数词＋回"多与"去、说、问"等口语类动词搭配。例如：

　　① 那个地方我去过一**回**。

　　② 这事他说过三**回**了。

　　③ 我问他好几**回**了，他都没告诉我。

2. "数词＋次"既可以与口语类动词搭配，也可以与书面语动词搭配。例如：

　　① 上海我去过三**次**了。

　　② 那件事他跟我说过一**次**。

　　③ 我们已经讨论一**次**了，不用再讨论了。

　　④ 调查一**次**需要一个月的时间。

3. "回"可以用作"事"的量词，"次"不能。例如：

　　① 这是怎么一**回**事？

　　② 咱们两个说的是两**回**事。

4. "次"可以与"会、会议"等搭配，"回"不行。例如：

　　① 这个月公司就开了一**次会**。

　　② 上**次会议**他没参加，所以不了解情况。

五、误用"个"代替其他量词

📑 **例句**

误：

　　① ＊我会说两**个**外语。

　　② ＊我想起来汉语的两**个**俗话。

正：

　　③ 我会说两门外语。

④ 我想起来汉语的两句俗话。

☞ **分析**

"外语"的量词是"门"，例①却用了"个"；"俗话"的量词是"句"，例②也用了"个"，因此都是错误的。

日本学生出现这种错误，是受到了日语的影响。"我会说两门外语""我想起来汉语的两句俗话。"日语分别为：

（1）外国語が 2 つ話せます。

（2）中国語のことわざを二つ思い出します。

其中的"2 つ"、"二つ"直译成汉语就是"2 个"。正因为如此，日本学生才出现以上的错误。

六、误用"头"代替"只"

📄 **例句**

误：

① ＊他家有十头羊。

② ＊动物园里有两头熊猫。

正：

③ 他家有十只羊。

④ 动物园里有两只熊猫。

☞ **分析**

汉语的"羊"、"熊猫"的量词都是"只"，例①、例②却用了"头"，因此句子不成立，"头"应改为"只"。

日本学生出现这种错误，是受到了日语的影响。日语中"羊"、"熊猫"的量词都是"头"。正因为如此，他们常用"头"代替"只"。

七、误用"只"代替"支"

📑 **例句**

误：

①＊一只烟里有很多不好的成分。

②＊请再给我一只筷子。

正：

③一**支**烟里有很多不好的成分。

④请再给我一**支**筷子。

☞ **分析**

量词"支"用于长条状物体，而"只"不能。例①、例②的"烟"、"筷子"都是长条形物体，却都用了"只"，所以句子不成立，"只"应改为"支"。

日本学生出现这种错误，是因为"只"、"支"发音相同，且都是量词，他们常常搞不清楚二者的区别。

八、"年"、"周"前误用量词"个"

📑 **例句**

误：

①＊我学了一个年汉语。

②＊一个周以后就考试。

正：

③我学了一年汉语。

④一周以后就考试。

☞ 分析

汉语的"年"、"周"是量词，不是名词，只能说"一年"、"一周"，不能说"一个年"、"一个周"。例①的"年"、例②的"周"前面都有量词"个"，所以句子不成立，"个"应该删去。

日本学生出现这种错误，是过度类推的结果。汉语的"月"、"星期"前面可以用"个"。正因为这样，他们以为"年"、"周"前面也可以用"个"。

📖 链接：表示时间的词语的词性

表6　表示时间的词语的词性

词语	词性	
	名词	量词
年	×	√（五年）
月	√（八个月）	×
日/天	×	√（一日/天）
周	×	√（三周）
星期	√（六个星期）	×
学期	√（两个学期）	×
学年	√（一个学年）	×
季度	√（三个季度）	×
世纪	√（两个世纪）	×

九、误用"一个"

📄 例句

误：

①＊我家有**一个**爸爸、**一个**妈妈和**一个**弟弟。

②＊我有**一个爷爷**，没有奶奶。

正：

③我家有爸爸、妈妈和一个弟弟。

④我有爷爷，没有奶奶。

☞ **分析**

"爷爷、奶奶、姥爷、姥姥、爸爸、妈妈"对一个人来说一般只有一个，这是不言而喻的，因此前面不需要加上数量短语"一个"。如果加上数量短语，则带有申辩或强调的意思。试比较：

（1）我有奶奶。

（2）我只有**一个奶奶**，爷爷已经去世了。

前一例是叙述，后一例明显带有申辩的意思。

日本学生出现这种错误，是过度类推的结果。汉语大部分亲属名词，像"哥哥、弟弟、姐姐、妹妹、叔叔、婶子、伯父、伯母"等前面都可以用上"一个"，受此影响，他们以为"爷爷、奶奶、姥爷、姥姥、爸爸、妈妈"等前面也可以用上"一个"。

十、"动词＋了＋名词"的"名词"前缺少数量短语

📄 **例句**

误：

①＊昨天我和朋友看了**电影**。

②＊我们在那家商店买了**东西**。

正：

③昨天我和朋友看了**一场电影**。

④ 我们在那家商店买了**一些东西**。

☞ **分析**

汉语的"动词＋了＋名词"一般不能单独成句，名词前面加上数量短语以后，就没有问题了。例 ① 的"电影"、例 ② 的"东西"前面都没有数量短语，因此句子不成立，"电影"前面应加上"一场"等，"东西"前面应加上"一些"。

日本学生出现这种错误，也是受日语的影响。"昨天我和朋友看了一场电影"、"我们在那家商店买了一些东西"用日语表达分别如下：

（1）昨日私は友達と映画を見ました。

（2）私たちはあの店で買い物をしました。

直译成汉语分别是"昨天我和朋友看了电影"、"我们在那家商店买了东西"。正因为如此，他们使用汉语时"动词＋了＋名词"中的"名词"前常常不用数量短语。

十一、百分数读法错误

📄 **例句**

误：

① 80%　＊八十百分

② 55%　＊五十五百分

正：

③ 80%　百分之八十

④ 55%　百分之五十五

☞ **分析**

汉语的百分数是先读分母，再读分子。例①、例②都应该先读分母"百分之"，然后再读分子"八十"和"五十五"。

日本学生出现这种错误，是受到了日语的影响。日语百分数的读法与汉语相反，是先读分子，再读分母。例如：

（1）50%　　ごじゅうぱーせんと

（2）65%　　ろくじゅうごぱーせんと

以上二例直译成汉语分别是"五十百分"、"六十五百分"。受此影响，他们经常先读分子，后读分母。

十二、误用或误解"×折"

📖 **例句**

误：

A：这件衣服原价100块，**二折**卖给你。

B：*80块钱，我买了。

正：

A：这件衣服原价100块，**二折**卖给你。

B：**20**块钱，我买了。

☞ **分析**

二折意思为以商品原来价格的20%卖出，商品价格为100块，所以应该是20块。

汉语的"×折"是指实际卖出的价钱跟原价的比例，而日语的"×割り"（相当于汉语的"×折"）是指降价的幅度跟原价的比例。正因为这样，日本学生有时用日语的"×割り"去类推汉语的"×折"，因而出现误用或误解。

十三、把"增加 2 倍"、"增加了 2 倍"和"增加到 2 倍"等同起来

📑 **例句**

误：

① 去年我的收入是 1 万元，今年**增加 2 倍**。

*今年收入＝ 1 万 ×2 ＝ 2 万（元）

② 去年我的收入是 1 万元，今年**增加了 2 倍**。

*今年收入＝ 1 万 ×2 ＝ 2 万（元）

正：

③ 去年我的收入是 1 万元，今年**增加 2 倍**。

今年收入＝ 1 万 +2×1 万＝ 3 万（元）

④ 去年我的收入是 1 万元，今年**增加了 2 倍**。

今年收入＝ 1 万 +2×1 万＝ 3 万（元）

☞ **分析**

"增加 2 倍"是说增加的是原来的两倍，"增加了 2 倍"与"增加 2 倍"一样。"增加到 2 倍"是说增加的和原来的之和是原来的两倍。例①原来是 1 万，增加 2 倍以后应该为：1 万 +2×1 万＝ 3 万；例②应是：1 万 +2×1 万＝ 3 万。

"增加 2 倍"、"增加了 2 倍"和"增加到 2 倍"组成成分大致相同，正因为如此，日本学生误以为三者意思也相同。

十四、"半"位置错误

📋 **例句**

误：

① *我们等了一个小时半。

② *一个月半以后我就回国了。

正：

③ 我们等了一个半小时。

④ 一个半月以后我就回国了。

☞ **分析**

汉语的"半"只能位于量词后面。例①的"半"在名词"小时"后面、例②的"半"在名词"月"后面，位置都不对，"半"应放在量词"个"后面。

日本学生出现上面的问题，是受到了日语的影响。"一个半小时"、"一个半月"日语分别为：

（1）一時間半。

（2）一か月半。

直译成汉语分别是"一个小时半"、"一个月半"。受此影响，他们常把汉语的"半"放在"小时"和"月"后面。

📖 **链接：表示时间的"半"的使用情况**

表 7　表示时间的"半"的使用情况

词语	"半"的位置
年	一年半
周	一周半

续表

词语	"半"的位置
星期	一个半星期
天	一天半
分	一分半
月	一个半月
学期	一个半学期
季度	一个半季度
世纪	一个半世纪

十五、"多"位置错误

📋 **例句**

误：

① *我们走了一个小时**多**了，应该休息休息。

② *我六十公斤**多**。

正：

③ 我们走了一个**多**小时了，应该休息休息。

④ 我六十**多**公斤。

☞ **分析**

数词为"十"以下的数时，"多"要放在量词后面。例①的"多"放在了名词"时间"后面了，位置错误，应放在"个"后面。

数词为"十"和"十"的整数倍时，"多"应放在量词前。例②的"多"放在量词"公斤"的后面了，位置也不对，应放在"公斤"前面。

日本学生出现例①这种错误，显然是受到了日语的影响。因为

"一个多小时"日语为"一時間とちょっと"，直译成汉语是"一（个）小时多"。

例②这种错误的出现，也是日语的影响。"多"日语为"以上"，而"以上"要用在量词后面，像"六十多公斤"日语为"六十キロ以上"。受日语的影响，他们往往把汉语的"多"放在量词后面。

📖 **链接：表示概数的"多"的位置**

1. "数词 + 量词 + 多"（"数词"为"十"以下的数，包括"十"）。例如：

　　　三斤**多**　一年**多**　五块**多**钱　九个**多**月　十里**多**地

2. "数词 + 多 + 量词"（"数词"为"十"和"十"的整数倍的数）。例如：

　　　三十**多**个　二十**多**年　一百**多**斤　一千**多**块　十**多**米

3. "数词 + 多 + 位数（万 / 亿）+ 量词"（"数词"为"十"和"十"的整数倍的数）。例如：

　　　十**多**万吨　二十**多**万年以前　十**多**亿人口

⭐ **注意**

　　　"数词"为"十"，"量词"为度量衡单位时，"多"可以出现在量词前，也可以出现在量词后，但是意思不同。试比较：

　　　　　十多斤 ≠ 十斤多

　　　　　十多米 ≠ 十米多

　　　"十多斤"表示超过十斤，但不到二十斤；"十斤多"表示超过十斤，但不到十一斤。"十多米"表示超过十米，但不到二十米；"十米多"表示超过十米，但不到十一米。

十六、"来"位置错误

📑 例句

误：

①＊我只有十块**来**钱。

②＊那个城市很小，只有十万**来**人。

正：

③我只有十**来**块钱。

④那个城市很小，只有十**来**万人。

☞ 分析

数词为"十"时，表示概数的"来"只能位于量词前，例①的"来"应该放在"块"前面。当数词为"十"或"十"的倍数，位数为"万"时，"来"只能位于位数前，例②的"来"应放在"万"前面。

日本学生出现这种错误，大概有两个原因。一是日语的影响。日语中与"来"相当的"ぐらい"、"ばかり"和"ほど"，它们只能位于量词后面。受此影响，他们以为"来"也位于量词后面。二是过度类推的结果。"来"有时可以出现在量词后面，正因为如此，他们误以为"来"什么情况下都可以出现在量词后面。

📖 链接：表示概数的"来"的位置

1."数词＋量词＋来＋形容词／名词"（数词为"十"以下和非"十"的倍数的数；量词为度量衡单位）。例如：

　　一米**来**长　三斤**来**重　五里**来**路　二十一斤**来**重

2."数词＋来＋量词"（数词为"十"和"十"的倍数）。例如：

三十来个　一百二十来斤　二百五十来块　两千来天

3."数词＋来＋位数（万／亿）＋量词"（数词为"十"和"十"的倍数）。例如：

十来万吨　二十来万年以前　十来亿个

十七、数量短语位置错误

📖 **例句**

误：

① *我**一年**学了。

② *他在那儿**四年**住了。

正：

③ 我学了**一年**。

④ 他在那儿住了**四年**。

☞ **分析**

汉语表示动作行为持续的时间的数量短语要放在动词后面。例①的"一年"是"学"持续的时间，例②的"四年"是"住"持续的时间，却分别放在"学"和"住"的前面了，位置不对，应分别放在"学了"、"住了"的后面。

日本学生出现这种错误，显然是受日语的影响。日语表示时段的词语要放在谓语动词前面。"我学了一年"、"他在那儿住了四年"用日语表达分别如下：

（1）私は１年間勉強しました。

（2）彼はそこに４年間住んでいました。

以上二例中的"１年"、"４年"分别在谓语动词"勉強する"（学）

和"住む"（住）的前面。受此影响，他们常常把汉语表示时段的
数量短语也放在谓语动词前面。

第六节　副词常见错误

一、误用"往往"代替"常常"

📖 **例句**

误：

①＊希望你以后**往往**给我写信。

②＊这个学期他**往往**不来上课。

正：

③希望你以后**常常**给我写信。

④这个学期他**常常**不来上课。

☞ **分析**

"往往"和"常常"都有"经常"的意思，但"往往"多用于
有规律的情况，不能用于将来的动作行为；而"常常"可以用于过
去，也可以用于将来，且不一定有规律。例①表示将来的动作行
为，却用了"往往"，因此句子不成立，"往往"应改为"常常"。
例②表示的是没有规律的行为，也用了"往往"，所以句子不成
立，"往往"应改为"常常"。

日本学生出现这种错误，是因为汉语中"往往"和"常常"都
可以表示经常发生的情况，所以很容易把它们等同起来。

📖 **链接："常常"、"往往"的区别**

常常

表示事情经常发生，但没有规律，可以用于过去和将来。例如：

① 梅雨的时候，这儿**常常**下雨。

② 以后我们**常常**有听写，请大家一定要提前准备。

往往

表示某种情况在一定条件下经常发生，有一定的规律性，不能用于将来。例如：

① 休息的时候，他**往往**去公园散步。

② 不复习，**往往**考不好。

二、误用"甭"代替"别"

📰 **例句**

误：

① * **甭**忘了这件事！

② * 明天**甭**下雨，我们有足球比赛呢！

正：

③ **别**忘了这件事！

④ 明天可**别**下雨，我们有足球比赛呢！

☞ **分析**

"甭"、"别"虽然是近义词，但是用法却不完全相同。"甭"只能用于可控制动词，动作行为不能控制的不能用"甭"。例①的"忘"、例②的"下"都是不可控制动词，前面都用了"甭"，句子不成立。例①的"甭"应改为"别"，例②的"甭"也应改为"别"，"别"前还应加上"可"，表示强调。

日本学生出现这种错误，显然是把"甭"和"别"混同起来了。

📖 链接："甭"和"别"的区别

甭

1. 表示劝阻，禁止，只能用于可控制动词前面。例如：

　① 他是孩子，您**甭**跟他生气。

　② 工作没干完，**甭**想回家。

2. 表示不需要。例如：

　那点活儿我一个人就行，你就**甭**去了。

3. 用于口语。

别

1. 表示劝阻，禁止，可以用于动词和形容词前面。例如：

　① 他是孩子，您**别**跟他生气。

　② **别**说了，该上课了！

　③ **别**着急！再找找！

2. 表示揣测，经常与"是"搭配，用于不如意的事情。例如：

　① 他现在还没来，**别**是忘了吧。

　② 你全身不舒服，**别**是感冒了吧。

3. 用于口语和书面语。

三、误用"从来"代替"一向"、"一直"

📄 **例句**

　误：

　　① * 爸爸**从来**喝啤酒。

　　② * 我们家**从来**住在东京。

正：

③ 爸爸**一向**喝啤酒。

④ 我们家**一直**住在东京。

☞ **分析**

"从来"表示从过去到现在都是这样，多用于否定句。例①、例②都是肯定句，都不应该用"从来"。例①的"从来"应改为"一向"，例②的"从来"应改为"一直"。

日本学生出现这种错误，大概是受到了日语的影响。日语中与汉语"从来"相当的是"いままで"、"これまで"，它们既可以用于肯定句，也可以用于否定句。正因为这样，所以日本学生以为汉语的"从来"也可以用于肯定句。

⊗ **注意**

"从来"只能位于主语后，不能位于主语前。

四、误用"终于"代替"结果"

📋 **例句**

误：

① * 就这样，我**终于**没坐上电车。

② * 他起床晚了，**终于**迟到了。

正：

③ 就这样，我**结果**没坐上电车。

④ 他起床晚了，**结果**迟到了。

☞ **分析**

"终于"用于希望发生的事情，例①、例②都是不希望发生的事情，却用了"终于"，因此句子不成立，"终于"应改为"结果"。

日本学生出现这种错误，是受到了日语的影响。"终于"日语为"とうとう"，既可用于希望的事情，也可以用于不希望的事情。受此影响，日本学生误以为汉语的"终于"也是这样。

五、误用"又"代替"另外"

📄 例句

误：

　①＊日本的年糕也是糯米做的，**又**，年糕的形状也是圆形或四边形。

　②＊他准备去北京、广州、哈尔滨，**又**，他还准备去上海。

正：

　③日本的年糕也是糯米做的，**另外**，年糕的形状也是圆形或四边形。

　④他准备去北京、广州、哈尔滨，**另外**，他还准备去上海。

☞ 分析

汉语的"又"是副词，表示动作行为重复发生或动作、状态、情况累计在一起等，后面不能出现逗号。例①、例②的"又"后面都用了"，"，显然是错误的。另外，从意思来看，例①的"日本的年糕也是糯米做的"说的是制作年糕的原料，"年糕的形状也是圆形或四边形"说的是年糕的形状，后者在前者所说的范围之外，因此用"又"不正确，"又"应改为"另外"。例②的"上海"也在"他准备去"的"北京、广州、哈尔滨"之外，用"又"也不对，"又"也应改为"另外"。

日本学生出现这种错误，是受到了日语的影响。汉语有"又"，日语也有"又"，汉字也相同。日语的"又"可以是连词，有"另外"的意思，而汉语的"又"没有这样的意思。受日语影响，他们常常用日语的"又"代替汉语的"另外"。

📖 链接："又"、"另外"的区别

又

1."又"，副词，表示动作行为重复发生或两个动作行为相继出现。用于已经发生的动作行为。例如：

①爸爸**又**喝了一瓶啤酒。

②妹妹**又**把生词复习了一遍。

③下班后，妈妈**又**去接孩子去了。

2.表示几个动作、状态、情况累计在一起。例如：

①山本很聪明，**又**努力，所以汉语进步很快。

②我们**又**是高兴，**又**是紧张。

另外

1.副词，表示在上文所说的范围之外。例如：

①那位老师太忙了，我**另外**给你找一个辅导吧。

②今天没有空，咱们**另外**找个时间。

2.连词，表示此外，可以连接句子或段落。例如：

①我想去中国留学，**另外**，还想利用这个机会到各地去看看。

②这间房子太小，**另外**，房租也比较贵，所以我不想租了。

六、误用"一点儿"代替"有点儿"

📄 **例句**

误：

①＊我今天**一点儿**累。

②＊你的房间热**一点儿**，咱们去教室吧！

正：

③我今天**有点儿**累。

④你的房间**有点儿**热，咱们去教室吧！

☞ **分析**

"一点儿"不能放在形容词前面。例①的"累"前面用了"一点儿"，句子不成立，"一点儿"应改为"有点儿"。

"形容词＋一点儿"用于陈述句中，表示偏离某一标准，或者含有比较、对比的意思。例②只是一种主观评价，"热"后却用了"一点儿"，因此句子不成立，"一点儿"应删去，在"热"前加上"有点儿"。

例①这种错误的出现，是受到了日语的影响。"我今天有点累"用日语表达为：

今日私は少し疲れた。

其中"少し"相当于汉语的"一点儿"，而"少し"只能放在形容词前面。正因为如此，日本学生以为汉语的"一点儿"也放在形容词前面。

日本学生出现例②这种错误，显然是忽视了"形容词＋一点儿"用于陈述句中的条件，正因为如此，该用"有点儿＋形容词"时却使用了"形容词＋一点儿"。

📖 **链接："有点儿"和"一点儿"的区别**

有点儿

1."有点儿＋形容词（短语）"，形容词为消极方面的，像"脏、累、小、短、胖"等。例如：

①这件衣服**有点儿**小，换一件吧。

② 弟弟**有点儿**胖，该减肥了。

2. "有点儿＋形容词（短语）"只能用于陈述句中，表示主观评价，这种评价都是负面的。例如：

① 我觉得汉语**有点儿**难。

② 今天**有点儿**冷，别出去了。

③ 刚才你**有点儿**太过分了！

3. "有点儿＋不＋形容词（短语）"，形容词为积极方面的，像"干净、漂亮、好、舒服"等。例如：

① 这间屋子**有点儿**不干净，换一间吧。

② 我肚子**有点儿**不舒服，不去上课了。

一点儿

1. "形容词＋一点儿"，形容词可以是积极方面的，也可以是消极方面的。例如：

① 快**一点儿**！车马上就要开了。

② 慢**一点儿**！注意安全！

③ 累**一点儿**没关系，睡一觉就好了。

2. "形容词＋一点儿"用于陈述句中，表示偏离某一标准或含有对比、比较的意思。例如：

① 鱼咸了**一点儿**，淡**一点儿**就好了。

② 这姑娘哪儿都好，就是胖了**一点儿**。

③ 这件比那件好看**一点儿**，要这件吧。

3. "形容词＋一点儿"可以用于祈使句、疑问句和假设句中。例如：

① 要下雨了，大家快**一点儿**！

② 我觉得有点贵，能便宜**一点儿**吗？

③ 要是能早**一点儿**就好了。

4.“动词＋一点儿＋（名词）”。例如：

① 你讲了半天了，**喝一点儿**（水）吧。

② 我饿了，咱们**吃一点儿**（饭）吧。

七、误用“再一次”

例句

误：

① *我想**再一次**去中国。

② *请**再一次**说。

正：

③ 我想**再去一次**中国。

④ 请**再说一次**。

分析

“再一次”用于书面语，并且谓语动词不能是单音节的。例①、例②都是口语说法，而且谓语动词“去”和“说”都是单音节的，但却用了“再一次”，因此句子不成立。例①的“一次”应放在“去”后面，例②的“一次”应放在“说”后面。

日本学生出现这种错误，是受日语的影响。“我想再去一次中国”、“请再说一次”用日语表达分别如下：

（1）私はもういちど中国へいきたいです。

（2）もういちどおっしゃってください。

以上二例中的“もういちど”相当于汉语的“再一次”，这两个句

子直译成汉语分别是"我想再一次去中国"、"请再一次说"。受此影响，不该使用"再一次"时他们却使用了。

八、"不"和"没"混用

📄 **例句**

误：

① ＊他**不**有钱。

② A：昨天我很累，你呢？

  B：＊我**没**有累。

正：

③ 他**没**有钱。

④ A：昨天我很累，你呢？

  B：我**不**累。

☞ **分析**

"有"只能用"没"否定，不能用"不"。例①的"有"用"不"否定了，句子不成立，"不"应改为"没"。

"不"用在形容词前，表示对性质的否定。例②否定的是性质，但用了"没有"，句子也不成立，"没有"应改为"不"。

日本学生出现例①这样的错误，有两个原因。一是日语的影响。"有"日语为"ある"、"いる"，否定形式分别为"ありません"和"いません"，而"ません"相当于"不"，正因为如此，他们很容易把"有"的否定说成"不有"。二是汉语的影响。汉语的动词绝大多数可以用"不"否定，因此他们误以为"有"也可以用"不"否定。

例②这种错误的出现，是受到了日语的影响。"我不累。"用日语表达是：

私は疲れませんでした。

"ませんでした"是"ません"的过去式，相当于"没（有）"，整个句子直译成汉语就是"我没（有）累"。受此影响，日本学生常用"没（有）"否定形容词。

📖 **链接：形容词的否定**

1. "不"用在形容词前，表示对性质的否定。例如：

　　①今天**不热**。

　　②汉语**不难**。

　　③我们的房间**不大**。

2. "没（有）"用在形容词前，否定性质或状态的出现。例如：

　　①天黑了。→天**没（有）**黑。

　　②我糊涂了。→我**没（有）**糊涂。

3. "没（有）+ 这么 / 那么 + 形容词"，表示不同意别人的看法。例如：

　　①A：你真漂亮！

　　　B：我**没（有）那么漂亮**吧?

　　②A：我觉得汉语非常难。

　　　B：汉语**没（有）那么难**。

九、"还"、"又"、"再"混用

📑 **例句**

　　误：

　　　①*明天我**又**来上课。

②＊老师**再**讲了一遍，我还不会。

正：

③ 明天我**还**来上课。

④ 老师**又**讲了一遍，我还不会。

☞ **分析**

"又"有"重复"的意思，但多用于已经发生的动作行为。例① 表示的是将来的动作行为，却用了"又"，因此句子不成立，"又"应改为"还"。

"再"也有"重复"的意思，但用于未发生的动作行为。例② 表示的动作行为已经发生，但用了"再"，所以句子不成立，"再"应改为"又"。

"又"、"再"都可以表示动作行为重复，"还"着眼于动作行为的继续或状况的持续。正因为这些词意义相同或相近，所以日本学生很容易把它们混同起来。

📖 **链接："还"、"又"、"再"的区别**

还

1. 表示动作行为继续或状况的持续，含有"仍然"、"仍旧"的意思，用于未发生的动作行为或状况时，句子中常有"会"、"要"、"想"等能愿动词。例如：

① 他**还**在睡觉呢!

② 明年我**还**来这儿。

③ 爸爸**还**会批评我吗?

④ 看了一遍，他**还**想看一遍。

2. 表示项目、数量增加，范围扩大。例如：

① 我会汉语，**还**会英语。

② 他去过北京，**还**去过上海。

又

1. 表示动作行为重复发生，多用于已经发生的动作行为。例如：

　　① 昨天你来了，今天你**又**来了。

　　② 妹妹把衣服**又**洗了一遍。

　　③ 吃完饭以后，他**又**去了图书馆。

2. 表示相继发生的动作行为。例如：

　　① 他吃了两个馒头以后，**又**喝了一碗粥。

　　② 刚从国外回来，怎么**又**去上海了？

再

1. 表示动作行为重复发生或继续，用于未发生的动作行为。例如：

　　① 今天没有时间，明天**再**来吧。

　　② 老师，请您**再**讲一遍！

2. 表示动作行为在另一个动作行为结束后出现。例如：

　　① 吃完饭**再**去吧。

　　② 等一会**再**告诉你。

十、“都”使用中的错误

（一）“都”位置错误

📑 **例句**

误：

　　① * 我们**都**每星期有考试。

　　② * 大家**都**这些地方去过。

正：

③ 我们每星期**都**有考试。

④ 大家这些地方**都**去过。

☞ **分析**

"都"多放在被总括的词语后面。例①的"都"总括的是"每星期"，但却放在它前面了，位置不对，应放在"每星期"后面。

例②的"都"总括的是"这些地方"，却放在它前面了，位置也不对，应放在"这些地方"后面。

日本学生出现这种错误，是因为"都"总括的对象一般在"都"前面，但主语为疑问代词时，口语中有时可以在"都"后面。例如：

（1）**都**谁想回国？你知道吗？

（2）告诉我，**都**哪儿不舒服？

大概受此影响，他们把"都"放在了小主语前面。

（二）"都"的否定错误

📃 **例句**

误：

① *我们**不**都会说汉语。

② *第一课的生词**不**都会写。

③ *他们**不**都住在学校里面。

正：

④ 我们**不是**都会说汉语。

⑤ 第一课的生词**不是**都会写。

⑥ 他们**不是**都住在学校里面。

☞ **分析**

用"不"对"（主语）+ 都 + 动词（短语）"进行部分否定时，

不能在"都"前面直接加上"不"（动词为"是"的除外），而要在"都"前面加上"不是"。例①、例②、例③都在"都"前直接加上"不"了，所以句子不成立，"不"应改为"不是"。

日本学生出现这种错误，是过度类推的结果。汉语表示否定时一般是在被否定的成分前面加"不"，所以他们以为对"（主语）+ 都 + 动词（短语）"进行部分否定也是直接在表示总括的"都"前面加上否定副词"不"。

十一、"刚"、"刚刚"与"了"同现

📑 **例句**

误：

① ＊我们**刚**下课了。

② ＊大家**刚刚**吃完午饭了。

正：

③ 我们**刚**下课。／我们下课了。

④ 大家**刚刚**吃完午饭。／大家吃完午饭了。

☞ **分析**

"刚"、"刚刚"表示动作行为在前不久发生，意味着行为动作已经"实现"；语气助词"了"表示行为动作的实现，因此用了"刚"、"刚刚"就没有必要用"了"。例①的"刚"和"了"、例②的"刚刚"和"了"都同时出现在一个句子中，句子都不成立，应删去"了"或"刚"、"刚刚"。

日本学生出现以上错误，是受日语的影响。"我们刚下课"、"大家刚刚吃完午饭"用日语表达分别为：

（1）私たちは授業が終わったどころです。

（2）みんなはご飯を食べたばかりです。

以上二例中的"た"相当于"了"，"どころ"和"ばかり"意思为
"刚"、"刚刚"，即日语的"了"和"刚"、"刚刚"可以同现。受此影
响，他们常把汉语的"刚"、"刚刚"和"了"也用在同一个句子中。

十二、"经常"、"常常"与"了"同现

📑 **例句**

误：

① *去年日本**经常**刮台风了。

② *最近我**常常**感冒了。

正：

③ 去年日本**经常**刮台风。/ 去年日本刮台风了。

④ 最近我**常常**感冒。/ 最近我感冒了。

☞ **分析**

"经常"、"常常"表示经常性的动作行为，不能与"了"出
现在同一个句子中。例①的"经常"和"了"、例②的"常常"
与"了"都同时用在一个句子中了，句子不成立，应删去"了"或
"经常"、"常常"。

日本学生出现这样的问题，同样是受到了日语的影响。"去年
日本经常刮台风"、"最近我常常感冒"用日语表达分别是：

（1）去年日本には台風がよくきました。

（2）私は最近よく風邪を引きました。

以上二例中的"よく"意思为"经常"、"常常"，"た"相当于

"了"，也就是说日语中"经常"、"常常"与"了"是共现的。正因为如此，他们以为汉语的"经常"、"常常"和"了"也可以出现在同一个句子中。

十三、"才"与"了"同现

📖 **例句**

　　误：

　　　　① * 我们才从中国回来了。

　　　　② * 他才写完作业了。

　　正：

　　　　③ 我们才从中国回来。/ 我们从中国回来了。

　　　　④ 他才写完作业。/ 他写完作业了。

☞ **分析**

　　汉语的"才"表示动作行为在前不久发生，意味着动作行为已经"实现"；语气助词"了"表示行为动作的实现，因此用了"才"就没有必要用"了"。例①、例②中既有"才"，也有"了"，句子不成立，应删去"了"或"才"。

　　日本学生出现这种错误，也是受日语的影响。"我们才从中国回来"、"他才写完作业"用日语表达分别为：

　　（1）私たちは中国から帰ってきたばかりです。

　　（2）彼は宿題をしたばかりです。

以上二例中的"た"相当于"了"，"ばかり"意思为"才"，即日语的"才"和"了"用在同一个句子中。受此影响，他们把汉语的"才"和"了"也用在同一个句子中。

📖 **链接：语气助词"了"的用法**

1. "名词＋了"。例如：

　　① **春天了**，不会再冷了。

　　② **小伙子了**，还哭呢!

　　③ 你都**大学生了**! 时间过得真快!

2. "动词＋了"。例如：

　　① **走了! 走了!**

　　② A：饭**做了**吗?

　　　　B：**做了。**

　　③ 门**开了**，咱们进去吧!

3. "形容词＋了"。例如：

　　① A：春节快到了，猪肉价格怎么样? 还那么贵吗?

　　　　B：**便宜了。**

　　② 开了空调，教室里**凉快了**!

　　③ 我发现妈妈的头发**白了**。

4. "动词＋宾语＋了"。例如：

　　① **下雨了!**

　　② **吃饭了!**

　　③ **起床了!**

5. "动词＋了＋宾语＋了"。例如：

　　① 我已经**吃了早饭了**，不去食堂了。

　　② 孩子**洗了澡了**，不用洗了。

　　③ 我们**学了这个汉字了**，你忘了?

6. "动词＋了＋数量＋了"。例如：

　　① **等了一天了**，怎么还没到呢?

② 雨下了**两天**了，还没有停的意思。

③ 弟弟又**长了一公分**了，长得真快！

7."数量（名）+ 了"。例如：

① **一个星期**了，雨还不停。

② **五十岁**了，不是年轻人了！

③ **三十个人**了，够了！

8."**快**……**了**"、"**要**……**了**"、"**快要**……**了**"。例如：

① **快考试**了，别玩了！

② **要下雨**了！快回去吧！

③ 我们**快要放假**了，你打算去哪儿？

十四、"好（不）容易"与"了"同现

📑 **例句**

误：

① ＊我**好（不）容易**买到这张票了。

② ＊我们**好（不）容易**复习完了。

正

③ 我**好（不）容易**买到这张票。

④ 我们**好（不）容易**复习完。

☞ **分析**

"好（不）容易"用于已经发生的情况，句尾不能使用"了"，例①、例②的"了"都应该删去。

日本学生出现这种错误，大概是受日语的影响，因为日语中已经发生的情况，一定要用"た"（相当于汉语的"了"）。受此影响，他们常常在"好（不）容易"所在句子的句尾加上"了"。

十五、"没（有）"与"了"同现

📄 **例句**

　　误：

　　　　① *她**没（有）**交了作业。

　　　　② *弟弟**没（有）**喝了牛奶。

　　正：

　　　　③ 她**没（有）**交作业。

　　　　④ 弟弟**没（有）**喝牛奶。

☞ **分析**

　　汉语的否定副词"没（有）"不能和表示实现的"了"同时出现在一个句子中。例①、例②的"没（有）"和"了"用在同一个句子中了，所以不成立，"了"都应该删去。

　　日本学生出现这种错误，有两个原因。一是过度类推。汉语的否定一般是在被否定成分的前面直接加上否定副词，受此影响，他们就直接在汉语的"动词＋了"前面加上了否定副词。

　　二是日语的影响。"她没交作业"、"弟弟没有喝牛奶"用日语表达分别为：

　　　　（1）彼女は宿題を出しませんでした。

　　　　（2）弟は牛乳を飲みませんでした。

这二例中的"……ませんてした"相当于汉语的"没（有）"，而"……た"又相当于"了"。正因为如此，他们误以为汉语的"没（有）"和"了"也可以同现。

📖 **链接：带"了"的句子的否定**

1."动词+了+名词"的否定，是直接在动词前加上"没（有）"，删去动词后的"了"。例如：

　　① 她看了电视。→她**没（有）**看电视。

　　② 孩子吃了饭。→孩子**没（有）**吃饭。

2."动词+了+数量+（名词）"的否定，一般是在动词前加上"没（有）"，"了"和"数量"要删去。例如：

　　① 我喝了一点酒。→我**没（有）**喝酒。

　　② 哥哥买了两本小说。→哥哥**没（有）**买小说。

有时也可以在动词前加上"没（有）"，删去"了"，但后面必须追加一个跟其结构相似的分句，形成对比，而且后一个分句中的"数量"必须小于前一个分句中的"数量"。例如：

　　① 我们等了一个小时。→我们**没（有）**等一个小时，只等了半个小时。

　　② 爸爸今天花了五十块钱。→爸爸今天**没（有）**花五十块钱，只花了三十块钱。

⭐ **注意**

> "没（有）"和表现实现的"了"不能出现在同一个句子中。

十六、"常常"、"经常"与"过"同现

📄 **例句**

　　误：

　　① *我喜欢吃寿司，所以**常常**去**过**寿司店。

　　② *冬天我们**经常**滑**过**雪。

正

③ 我喜欢吃寿司，所以**常常**去寿司店。/ 我喜欢吃寿司，所以去**过**寿司店。

④ 冬天我们**经常**滑雪。/ 冬天我们滑**过**雪。

☞ **分析**

"常常"、"经常"表示经常性的动作行为，谓语动词后面不能出现"过"。例①的"去"、例②的"滑"后面都有"过"，句子都不成立，应删去"过"或"常常"、"经常"。

日本学生出现这样的问题，也是受到了日语的影响。"我喜欢吃寿司，所以常常去寿司店"、"冬天我们经常滑雪"用日语表达分别如下：

（1）私は寿司がすきなので，よく寿司屋へ行きました。

（2）冬に，私たちはよくスキーをしました。

以上二例中的"よく"意思为"常常"、"经常"，"た"相当于"过"，即日语中"常常"、"经常"与"过"可以同现。受此影响，他们把汉语的"常常"、"经常"与"过"也用在同一个句子中。

十七、"就"位置错误

📖 **例句**

误：

① *一放假，**就**我去旅游。

② *改时间以后，**就**大家可以去故宫了。

正：

③ 一放假，我**就**去旅游。

④ 改时间以后，大家**就**可以去故宫了。

☞ **分析**

关联副词"就"应放在主语后面。例①、例②的"就"都放在了主语前面，所以句子不成立。例①的"就"应放在"我"后面，例②的"就"应放在"大家"后面。

这种错误的出现是过度类推的结果。汉语有些副词，像语气副词，可以出现在主语前。例如：

　　（1）**其实**我早就知道，我没告诉你。

　　（2）**反正**这事已经过去了，不要再提了！

正因为如此，日本学生以为关联副词也可以出现在主语前面。

十八、"也"位置错误

📄 **例句**

误：

　　① * 这本书**也**我看过。

　　② * 这次**也**他跟我一起去。

正：

　　③ 这本书我**也**看过。

　　④ 这次他**也**跟我一起去。

☞ **分析**

主谓谓语句中，小主语为施事，"也"位于小主语后。例①的小主语"我"、例②的小主语"他"都是施事，"也"放在"我"、"他"前面了，所以句子不成立，应分别放在小主语"我"和"他"后面。

日本学生出现这样的错误，是受到了日语的影响。日语中与"也"相当的是"も"，"も"可以放在小主语前、大主语后，也可以放在小主语后。受此影响，他们以为"也"也可以放在所有小主语前面。

十九、"先"位置错误

📋 **例句**

误：

①＊**先**我告诉你们我的三个愿望。

②＊**先**大家吃饭，然后上课。

正：

③我**先**告诉你们我的三个愿望。

④大家**先**吃饭，然后上课。

☞ **分析**

副词"先"只能放在主语后、谓语前。例①、例②的"先"都放在主语前面了，因此句子不成立，应分别放在"我"、"大家"后面。

日本学生出现这种错误，是日语的影响。"我先告诉你们我的三个愿望"、"大家先吃饭，然后上课"用日语表达分别如下：

（1）まずは私の３つの願いをお伝えします。

（2）まずみんなで食事をして、それから授業を受けます。

直译成汉语分别是"先我告诉你们我的三个愿望"、"先大家吃饭，然后上课"。受此影响，日本学生常把汉语的"先"放在主语前。

二十、"一起"位置错误

📋 **例句**

误：

①＊我们吃午饭**一起**。

② * 大家喝啤酒一起。

正：

③ 我们**一起**吃午饭。

④ 大家**一起**喝啤酒。

☞ **分析**

副词"一起"只能放在谓语动词（短语）前面。例①、例②的"一起"都放在谓语动词短语后面了，所以句子不成立，应分别放在"吃午饭"、"喝啤酒"前面。

日本学生出现这种错误，是受到了英语的影响。"我们一起吃午饭"、"大家一起喝啤酒"用英语表达分别如下：

（1）We had lunch together.

（2）Everybody drank beer together.

直译成汉语分别是"我们吃午饭一起"、"大家喝啤酒一起"。受此影响，日本学生常把汉语的"一起"放在谓语动词（短语）后面。

二十一、"不"位置错误

📖 **例句**

误：

① * 今天我在家**不**吃饭。

② * 他从北京**不**走。

正：

③ 今天我**不**在家吃饭。

④ 他**不**从北京走。

☞ **分析**

否定副词"不"应放在介词短语前。例①、例②的"不"都放在谓语动词前了，位置错误，应分别放在"在"和"从"前面。

日本学生出现这种错误，是过度类推的结果。因为汉语的句子一般是把否定副词放在谓语动词前，正因为如此，他们以为任何情况下"不"都应放在谓语动词前。

二十二、连动句、兼语句中"不"、"没（有）"位置错误

📑 **例句**

误：

①＊他坐飞机**没**去上海。

②＊妈妈让我**不**去。

正：

③他**没**坐飞机去上海。

④妈妈**不**让我去。

☞ **分析**

否定副词一般放在连动句、兼语句第一个动词（短语）前面。例①的"没"放在第二个谓语动词"去"前面了，位置错误，应放在"坐"前面。

例②的"不"放在第二个谓语动词"去"前面了，位置也不对，应放在"让"前面。

日本学生出现这种错误，是受到了日语的影响。"他没坐飞机去上海"、"妈妈不让我去"用日语表达分别为：

（1）彼は飛行機で上海へ行きませんでした。

（2）お母さんは私に行かせませんでした。

这二例直译成汉语分别是"他坐飞机没去上海"、"妈妈让我不去"，即日语都是对主要动词进行否定。受日语影响，他们常常把否定副词放在连动句、兼语句的最后一个动词（短语）前面。

📖 **链接：连动句、兼语句中否定副词的位置**

1. 连动句、兼语句中，否定副词一般放在第一个动词（短语）前面。例如：

　　① 他从来**不**用自己的钱买东西。

　　② **没有**时间考虑了，赶快决定吧！

　　③ **别**开车过去，那儿不好停车。

　　④ 妈妈**不**让我告诉你，所以你不知道。

　　⑤ 我从来**不**嫌他话多。

2. 对"有＋数量（名）＋动词（短语）"进行否定，否定副词只能放在动词（短语）前面，不能放在"有"前面。例如：

　　① 有个人**没**离开，你去让他赶快离开这里。

　　② 有几个人**不**走，我也没办法。

第七节　介词常见错误

一、"对"使用中的错误

（一）误用"对"

📄 **例句**

　　误：

　　　　① ＊下一次，我说**对**墨和纸。

② *爸爸问我**对**学习情况。

正：

③ 下一次，我说墨和纸。

④ 爸爸问我学习情况。

☞ **分析**

汉语的"对……"不能放在动词后做补语。例①的"对墨和纸"放在"说"后面了，例②的"对学习情况"放在"问"后面了，所以句子不成立，"对"都应该删去。

日本学生出现这种错误，是受到了英语的影响。"下一次，我说墨和纸"、"爸爸问我学习情况"用英语表达分别如下：

（1）Next time, I'll talk about ink and paper.

（2）My father asked me about my study.

以上二例直译成汉语分别是"下一次，我说对墨和纸"、"爸爸问我对学习情况"，他们把"about"直接对译成了"对"，并把"对……"放在了谓语动词后面。

（二）误用"对"代替"跟"

📃 **例句**

误：

① *学生们都站了起来，**对**老师打了招呼。

② *他喜欢**对**他妹妹闹着玩儿。

正：

③ 学生们都站了起来，**跟**老师打了招呼。

④ 他喜欢**跟**他妹妹闹着玩儿。

☞ **分析**

"跟"和"对"虽然都可以表示对象，但"跟"还有"协同"、

"共同"的意思，"对"没有这种意思。例①的"打招呼"、例②的"闹着玩儿"是听说双方协作进行的，不能用"对"，"对"应改为"跟"。

日本学生出现这种错误，是受到了日语的影响。汉语的"对"和"跟"日语中都是"に"，因此他们"跟"和"对"分不清楚。

（三）误用"对"代替"对……来说"

📄 **例句**

误：

①＊汉字**对美国人**很难。

②＊**对日本人**天气是一个非常重要的话题。

正：

③**对美国人来说**，汉字很难。

④**对日本人来说**，天气是一个非常重要的话题。

☞ **分析**

"对"表示动作的对象，表示对待；"对……来说"表示从某人或某事的角度来看问题。例①的"对美国人"应改为"对美国人来说"，并且"对美国人来说"应该放在句子前面，用"，"跟后面的部分隔开，表示从美国人的角度来看"汉字"。

例②的"对日本人"应改为"对日本人来说"，而且"对日本人来说"后面也应加上"，"，表示从日本人的角度来看"天气"这个问题。

日本学生出现这样的错误，是受到了日语的影响。"对"和"对……来说"日语都是"にとって"，即日语中"对"和"对……来说"不分。受此影响，该用"对……来说"时他们常用了"对"。

（四）误用"对"代替"在"

📖 **例句**

误：

① * 对他的眼里，这是比较特别。

② * 我的迟到对别人眼中是微不足道的。

正：

③ 在他的眼里，这是比较特别。

④ 我的迟到在别人眼中是微不足道的。

☞ **分析**

"对"表示动作的对象，例①、例②的"他的眼里"、"别人眼中"都是处所，但却用了"对"，因此是错误的，"对"应改为"在"。

日本学生出现这种错误，大概是混淆了"对"和"在"的用法。

（五）误用"对"代替"向"、"朝"

📖 **例句**

误：

① * 大家对前面看。

② * 警察对空中开枪了。

正：

③ 大家向/朝前面看。

④ 警察向/朝空中开枪了。

☞ **分析**

"对"表示动作的对象，"向"、"朝"都表示动作的方向。例①、例②的"前面"和"空中"不是动作的对象，而是动作的方向，却用了"对"，因此是错误的，"对"应改为"向"或"朝"。

日本学生出现这种错误，大概是汉语的影响。因为动词"对"

有"朝着"和"向着"的意思，与"向"、"朝"意思相近。例如：

（1）她对着镜子看了半天。

（2）不能把枪口对着人，很危险。

正因为如此，所以他们误以为用法相同。

（六）"对"和"给"混用

📄 **例句**

误：

①＊他**对**我留下了深刻的印象。

②＊我**给**他很感激。

正：

③他**给**我留下了深刻的印象。

④我**对**他很感激。

☞ **分析**

"对"和"给"都表示对象，"对"表示人与人之间的关系，"给"引进接受者等。例①的"对我"应改为"给我"，因为"我"是接受者；例②的"给他"应为"对他"，因为"感激"表示的是人与人之间的关系。

日本学生出现这种错误，是受到了日语的影响。"对"和"给"日语中都是"に"，正因为如此，所以他们分不清楚。

二、"对……来说"使用中的错误

（一）漏掉"对"

📄 **例句**

误：

①＊**日本人来说**，汉字很容易。

103

②＊来中国**我来说**是一个挑战。

正：

③ **对日本人来说**，汉字很容易。

④ 来中国**对我来说**是一个挑战。

☞ **分析**

"对……来说"是固定说法，介词"对"不能省略。例①、例②的"日本人"和"我"前都没有"对"，所以是错误的，应加上"对"。

日本学生出现这种错误，是受到了日语的影响。"对日本人来说，汉字很容易"、"来中国对我来说是一个挑战"用日语表达分别为：

（1）日本人にとって漢字はやさしいものです。

（2）中国に来ることはわたしにとって挑戦でした。

日语的"日本人"和"わたし（我）"前没有其他成分，即汉语的"对……来说"相当于日语的"にとって"，而"にとって"是后置的。受此影响，他们常把汉语的"对……来说"中的"对"漏掉。

（二）"对……来说"位置错误

📄 **例句**

误：

① ＊这是**对我来说**很了不起的大事。

② ＊在中国留学是**对她来说**一次宝贵的经验。

正：

③ 这**对我来说**是很了不起的大事。/ **对我来说**，这是很了不起的大事。

④ 在中国留学**对她来说**是一次宝贵的经验。/ **对她来说**，

在中国留学是一次宝贵的经验。

☞ **分析**

"对……来说"一般位于主语前，或位于主语后、谓语动词前。例①的"对我来说"、例②的"对她来说"都放在谓语动词"是"后面了，位置错误，应放在"是"前面；或者放在句子前面，后面用"，"隔开。

日本学生出现这种错误，是受到了日语的影响。"这对我来说是很了不起的大事"、"在中国留学对她来说是一次宝贵的经验"用日语表达分别为：

（1）これは私にとってすばらしいことです。

（2）中国に留学したのは彼女にとっていい経験です。

直译成汉语分别是"这是对我来说很了不起的大事"、"在中国留学是对她来说一次宝贵的经验"。受此影响，他们常把汉语的"对……来说"放错了位置。

📖 **链接："对……来说"的用法**

1."对……来说"表示从某人或某事的角度看问题，一般用在句子前面，并且后面有"，"与句子隔开。例如：

　　① **对他们来说**，这是一次非常重要的锻炼机会。

　　② **对孩子来说**，这个问题是难了一些。

　　③ **对北京来说**，2008 年奥运会是一个很好的发展机会。

2."对……来说"也可以用在谓语动词前。例如：

　　① 这点钱**对他来说**算不了什么。

　　② 打高尔夫**对爸爸来说**就是工作。

　　③ 买房子**对他来说**就是一个梦想。

三、"在"使用中的错误

（一）主语前误用"在"

📑 **例句**

误：

  ① * **在中国**有很多有名的山。

  ② * **在我的房间里**住着两个人。

正：

  ③ **中国**有很多有名的山。

  ④ **我的房间里**住着两个人。

☞ **分析**

  存在句中处所词（短语）直接做主语，前面不能出现介词。例① 是存在句，"中国"是处所名词，但前面有介词"在"，句子不成立，"在"应该删去。

  例 ② 也是存在句，"我的房间里"是处所名词短语，前面也有介词"在"，句子同样不成立，"在"也应删去。

  日本学生出现这样的错误，是受到了日语的影响。日语的"に"和"で"，与汉语的"在"相当，日语表示处所的词语，都要带上这两个标志。受日语影响，他们经常在汉语做主语的处所词（短语）前面误用上"在"。

⭐ **注意**

  汉语的"在"与日语的"に"和"で"有相同之处，也有不同之处。汉语的处所名词（短语）可以直接做主语，前面不用"在"；日语表示处所的词语后面都得带上"に"或"で"。

（二）"名词 + 方位词" 前漏用 "在"

📋 **例句**

误：

①＊我们**电视里**看见过他。

②＊很多人**马路上**走。

③＊大家**树的下面**玩麻将。

正：

④我们**在电视里**看见过他。

⑤很多人**在马路上**走。

⑥大家**在树的下面**玩麻将。

☞ **分析**

例①的"电视里"是"我们看见过他"这个行为发生的地方，因此"电视里"前面应加上"在"，组成介宾短语做状语；例②的"马路上"是"很多人走"发生的地方，"马路上"前面也应加上"在"；例③的"树的下面"是"大家玩麻将"发生的地方，"树的下面"前面同样应加上"在"。

这种错误的出现，也是日语的影响。日语表示处所的格助词，像"に"或"で"，都放在名词（短语）后面。正因为如此，日本学生常常忘了在汉语处所词（短语）前面加上介词"在"。

（三）"在 + 名词（短语）" 后漏用 "上"

📋 **例句**

误：

①＊爸爸坐**在沙发**睡觉。

②＊孩子**在那个男人的脸**画画儿。

正：

③ 爸爸坐**在沙发上**睡觉。

④ 孩子**在那个男人的脸上**画画儿。

☞ **分析**

"在＋名词（短语）"中的"名词（短语）"不表示处所时，"在＋名词（短语）"后面要有方位词"上"、"下"、"里"等。例①的"沙发"、例②的"那个男人的脸"都不表示处所，"在沙发"和"在那个男人的脸"后面都没有方位词"上"，因此句子不成立，应加上"上"。

日本学生出现这种错误，大概是受到了英语的影响。"爸爸坐在沙发上睡觉"、"孩子在那个男人的脸上画画儿"用英语表达分别如下：

（1）My father is sleeping on the sofa.

（2）The boy is drawing on the man's face.

"on the sofa"和"on the man's face"后面都没有方位词。因此，他们以为汉语的"在＋名词（短语）"后面也不用方位词。

（四）"在＋地名"后误用方位词"里"

📄 **例句**

误：

① * **在上海里**我们玩了很多地方。

② * **在北大里**我住了一年。

正：

③ **在上海**我们玩了很多地方。

④ **在北大**我住了一年。

☞ **分析**

　　汉语"在＋地名"中的"地名"后面不能出现方位词"里"。例①的"上海"、例②的"北大"都是地名，都带了"里"，句子不成立，"里"应该删去。

　　日本学生出现这种问题，是受到了日语的影响。日语中凡是表示方位、处所的词语后面要用上"に"或"で"，表示"在……里"、"在……中"等。受此影响，他们常在"在＋地名"后面误用上"里"。

📖 **链接："在＋名词"带方位词的情况**

　　1. 一般名词要带方位词。例如：

　　　　① 你太累了，**在床上**躺一会吧。

　　　　② 你把钱包放**在书包里**，这样比较安全。

　　　　③ 同学，你的书掉**在地上**了。

　　2. 处所词一般不带方位词。例如：

　　　　① 她喜欢**在图书馆**看书，不喜欢在宿舍。

　　　　② 大家都**在食堂**吃饭，不准去饭馆。

　　　　③ 老师**在教室**上课呢，你没看见吗？

　　3. 表示地方的专有名词不能带方位词。例如：

　　　　① 爸爸**在北京**工作过三年。

　　　　② 我买这本书的那家书店**在王府井**。

　　（五）"在＋名词（短语）"位置错误

📄 **例句**

　　误：

　　　　① * 我吃午饭**在食堂**。

　　　　② * 爸爸工作**在公司**。

正：

③ 我**在食堂**吃午饭。

④ 爸爸**在公司**工作。

☞ **分析**

例①是"我"先"在食堂"，即先要到食堂，然后"吃午饭"，"在食堂"发生在前，"吃午饭"发生在后，所以"在食堂"应放在"吃"前面。

例②是"爸爸"先"在公司"，即先要到公司，然后才能工作，"在公司"发生在前，"工作"发生在后，"在公司"应该放在"工作"前面。

日本学生出现这种错误，是受到了英语的影响。英语的"在＋名词（短语）"一般放在动词（短语）后面。"我在食堂吃午饭"、"爸爸在公司工作"用英语表达分别如下：

（1）I'll have lunch in the canteen.

（2）My father works in the company.

以上二例中的"in the canteen"（在食堂）、"in the company"（在公司）分别放在动词（短语）"have lunch"（吃午饭）、"works"（工作）后面。受此影响，他们常常把汉语的"在＋名词（短语）"放在谓语动词（短语）后面。

📖 **链接："在＋名词（短语）"的位置**

1．"在＋名词（短语）"放在谓语动词前，表示"在＋名词（短语）"发生在前，谓语动词表示的动作行为发生在后。例如：

① 我**在图书馆**看书。（先在图书馆，然后看书）

② 爸爸**在公司**工作。（先在公司，然后工作）

③ 同学们都**在食堂**吃饭。（先在食堂，然后吃饭）

2."在＋名词（短语）"放在谓语动词后，表示先发生谓语动词表示的动作行为，再出现"在＋名词（短语）"这种结果。例如：

①请坐**在椅子上**。（先坐，然后人才在椅子上）

②你的书掉**在地上**了。（先掉，然后书才在地上）

③空瓶子扔**在垃圾桶里**吧！（先扔，然后空瓶子才在垃圾桶里）

四、"从"使用中的错误

（一）误用"从"

📄 **例句**

误：

①＊从妈妈寄来了信。

②＊从老师发来了邮件。

正：

③妈妈寄来了信。

④老师发来了邮件。

☞ **分析**

表示起点的词语如果既是起点，又是动作行为的发出者，不用"从"。例①的"妈妈"、例②的"老师"虽然是起点，但都是动作行为的发出者，前面都用了"从"，句子不成立，"从"应该删去。

日本学生出现这样的问题，是受到了日语的影响。日语的"から"相当于汉语的"从"，日语中表示起点或来源的都得用"から"。"妈妈寄来了信"、"老师发来了邮件"用日语表达分别为：

（1）お母さんから手纸が送られました。

（2）先生からイメルがきったのです。

直译成汉语分别是"从妈妈寄来了信"、"从老师发来了邮件"。受此影响，不该用"从"时他们常常使用了。

（二）误用"从"代替"离"

📑 **例句**

误：

① *刘老师家**从**颐和园很近。

② *我们的宿舍**从**图书馆比较远。

正：

③ 刘老师家**离**颐和园很近。

④ 我们的宿舍**离**图书馆比较远。

☞ **分析**

"从"和"离"有很大的区别，"离"主要表示距离，"从"主要表示"起点"。例①、例②都表示距离远近，但用了"从"，句子不成立，"从"应改为"离"。

日本学生出现此种错误，也是受到了日语的影响。汉语的"从"和"离"日语都是"から"。正因为如此，他们常常把"从"、"离"混同起来，该用"离"时却用了"从"。

📖 **链接："从"和"离"的区别**

从

1. 表示起点，常和"到"、"往"、"向"、"起"等配合使用。例如：

① **从这儿到**那儿有多远？

② **从这儿往**北走一百米就是图书馆。

③ **从**南向北数，第五家就是你要找的那家饭馆。

④ **从**今天**起**，我们开始复习。

2. 表示经过的路线。例如：

① 火车**从**这儿经过吗？

② 钥匙丢了，咱们**从**窗户爬进去吧。

3. 表示根据。例如：

① **从**脚步声我就知道外边是刘老师。

② 大家一定要**从**实际出发考虑问题。

离

表示距离；相距。可以用于空间，也可以用于时间。例如：

① 学校**离**车站远不远？

② 我不喜欢你，你**离**我远点！

③ **离**毕业还有半年时间，真快呀！

④ **离**出发不到半小时了，快点吧！

（三）"从＋时间名词（短语）"后缺少必要的成分

📑 **例句**

误：

① *从那天晚上，我们成了好朋友。

② *从明天我一定好好学习。

正：

③ **从**那天晚上**起／开始**，我们成了好朋友。

④ **从**明天**起／开始**，我一定好好学习。

☞ **分析**

"从＋时间名词（短语）"后面要有"起"、"开始"、"到……"等与之搭配，没有这些词语，句子就不成立。例①的"从那天晚上"、例②的"从明天"后面没有"起"或"开始"等，因此句子不成立，应该加上"起"或"开始"等。

日本学生出现这样的问题，是受到了日语的影响。日语的"から"与汉语"从"相当，但是"から"不需要跟"起"、"开始"等之类的词语搭配。"从那天晚上起，我们成了好朋友"、"从明天开始，我一定好好学习"用日语表达分别如下：

（1）あの晩から，私たちは親しい友達になりました。

（2）あしたから，私は必ず一生懸命勉強します。

直译成汉语分别是"从那天晚上，我们成了好朋友"、"从明天，我一定好好学习"。受此影响，他们以为汉语的"从＋时间名词（短语）"后面也不需要加上"起"、"开始"等。

（四）"从＋名词（短语）"位置错误

📄 **例句**

误：

① *她来中国从美国。

② *我回家从学校。

正：

③ 她从美国来中国。

④ 我从学校回家。

☞ **分析**

汉语的"从＋名词（短语）"要放在谓语动词前面。例①的"从美国"、例②的"从学校"都放在谓语动词后面了，句子不成立，应分别放在"来中国"和"回家"前面。

日本学生出现这种错误，大概是受到了英语的影响。英语的"from..."相当于汉语的"从……"，但"from..."要放在动词后面。

例如:

(1)She'll come to China from America.

(2)I'll come back from school.

以上二例直译成汉语分别是"她来中国从美国"、"我回家从学校"。受此影响，他们常把"从＋名词（短语）"放在谓语动词后面。

五、误用"往"代替"向"、"朝"

📑 **例句**

误:

① *他**往**我看。

② *我们也**往**贫困学生捐了钱。

正:

③ 他**向**（朝）我看。

④ 我们也**向**贫困学生捐了钱。

☞ **分析**

汉语的"往"、"向"、"朝"都可以表示方向，但是用法不同。例①的"往"应改为"向"或"朝"。例②的"往"应改为"向"。

日本学生出现这样的问题，是受到了汉语的影响。汉语的"往"、"向"、"朝"是近义词，日本学生误以为三者完全相同，所以经常混用。

📖 **链接:"往"、"向"、"朝"的异同**

1."向"、"朝"后可以出现表示人物的词语，"往"不能。例如:

① 你看，她在**向**我们挥手。

② 孩子在**朝你**笑呢，你看!

2.“往”、“向”可以用在动词后，“朝”不行。例如：

   ① 这列火车**开往**上海。

   ② 这趟航班**飞往**北京。

   ③ 我们要从胜利**走向**胜利。

虽然“往”和“向”都可以出现在动词后，但搭配的动词不同，“往”前经常出现“开”、“飞”，“向”前常出现“走”和“奔”。

3.“往”后可以是“动词 / 形容词＋里”，“向”、“朝”不能。例如：

   ① 他太狠了，**往死里**打我。

   ② 那个老板很有钱，**往少里**说也有一个亿。

4.“向”、“朝”后为指人的词语时，“朝”后的动词只能是表示身体动作、姿态的具体动词，“向”还可以用于抽象动词。例如：

   ① 老师在**朝（向）**我们**挥手**呢，你没看见吗？

   ② 你是好学生，我们应该**向你学习**。

六、误用“对于”代替“对”

📑 **例句**

  误：

    ① *我**对于他**很好。

    ② *他是学习中国法律的，应该**对于中国的法律**非常了解。

  正：

    ③ 我**对他**很好。

    ④ 他是学习中国法律的，应该**对中国的法律**非常了解。

☞ **分析**

“对”表示“对待”的意思，用于人和人之间的关系；“对于”也可以表示"对待"，但一般不能用于人和人之间的关系。例①表示人和人之间的关系，却用了"对于"，句子不成立，应改为"对"。

"对于……"不能用在能愿动词后面。例②的"对于……"用在能愿动词"应该"后面了，句子不成立，应改为"对"。

日本学生出现这种错误，大概有两个原因。一是"对"和"对于"日语都是"にとって"，因此，他们以为"对"和"对于"也相同。

二是汉语的"对"、"对于"意义相近，用法上也有相同之处，像"对……"要用在动词（短语）或形容词（短语）前面，"对于……"也同样要用在动词（短语）或形容词（短语）前面。正因为这样，所以他们很容易把二者等同起来。

📖 **链接："对"和"对于"的异同**

对

1. 指示动作的对象。例如：

　　①他只**对我**笑了笑，没说话。

　　②妈妈**对弟弟**说："明天再去，可以吗？"

2. 表示对待。可以用于人和人之间的关系，也可以用在能愿动词、副词的前面或后面。例如：

　　①老师**对我们**很好。（"对"用于人和人之间的关系）

　　②那个服务员**对客人**不太热情。（"对"用于人和人之间的关系）

　　③学校**会对你的住处**做出安排的，放心吧。（"对……"用在能愿动词后面）

　　④你不告诉她，她**对你会**有看法的。（"对……"用在能愿动词前面）

对于

表示对待，它后面的成分可以是动作行为的受事，也可以是动作行为涉及的事物。一般不能用于人和人之间的关系，也不能用在能愿动词后面。例如：

① 大家**对于这件事情**有什么看法？谈谈吧！

② 抽烟**对于身体**没什么好处，戒了吧！

③ *老师**对于我们**很好。

④ *学校会**对于他们的住处**做出安排的。

⭐ **注意**

能用"对于"的地方，一般都能用"对"；但能用"对"的地方，有的不能用"对于"。"对"多用于口语，"对于"多用于书面语。

七、误用"关于"代替"对于"

📖 **例句**

误：

① ***关于**你的帮助，我们非常感谢。

② ***关于**这个语法，你要多注意。

正：

③ **对于**你的帮助，我们非常感谢。

④ **对于**这个语法，你要多注意。

☞ **分析**

"关于"表示关联、涉及的事物，不能用于对象。例①的"你的帮助"是"感谢"的对象，例②的"这个语法"是"注意"的对象，都不应该用"关于"，"关于"应改为"对于"。

　　日本学生出现这种错误，原因在于：其一，"对于"和"关于"意义比较抽象，而且又相近，因此，很容易混淆起来。其二，日语中与"关于"意思相当的"にとって"也有"对于"的意思。受日语的影响，他们以为汉语的"关于"、"对于"也相同。

📖 链接："关于"和"对于"的区别

　　1."关于……"做状语，只能位于主语前；"对于……"可以位于主语前，也可以位于主语后。例如：

　　　　① **关于汉字的起源**，我知道的很少。

　　　　　*我**关于汉字的起源**知道的很少。

　　　　② **对于这件事**，我有一些看法。

　　　　　我**对于这件事**有一些看法。

　　2."关于"表示关联、涉及的事物，"对于"指示动作行为的对象。例如：

　　　　① **关于这件事**，历史上有不少传说。

　　　　② **对于你们的帮助**，我们非常感激。

　　3."……问题"、"……事"等做宾语时，有时"关于"、"对于"可以互换。例如：

　　　　① **关于这个问题**，我有一些看法。

　　　　　对于这个问题，我有一些看法。

　　　　② **关于这件事**，你还有什么话要说？

　　　　　对于这件事，你还有什么话要说？

八、漏用介词"到"

📄 **例句**

误：

① * 老师把我叫**办公室**里。

② * 他昨天晚上回了**北京**。

正：

③ 老师把我叫**到**办公室里。

④ 他昨天晚上回**到**了北京。

☞ **分析**

"到 + 处所词"表示事物通过动作行为到达的处所。例①是通过"叫"，"我到办公室"，"办公室"前面应该有介词"到"；例②是通过"回"，"我到了北京"，"回"后面也应该有"到"。

日本学生出现这种错误，大概是日语的影响。日语的"へ"相当于汉语的"到"，但"へ"位于名词后面。正因为如此，他们很容易把汉语的"到"忽略掉。

九、"跟"、"和"位置错误

📄 **例句**

误：

① * 我**和**一起来中国的那个朋友是我大学同学。

② * 老师**跟**说话的那个学生是英国人。

正：

③ **和**我一起来中国的那个朋友是我大学同学。

④ **跟**老师说话的那个学生是英国人。

☞ **分析**

汉语的介词"和"、"跟"是前置词，宾语必须放在它的后面。例①的宾语"我"放在"和"的前面了，位置错误，应把"和"放在"我"前面。

例②的"跟"放在宾语"老师"后面了，位置也不对，应把"跟"放在"老师"前面。

日本学生出现这样的问题，是受到了日语的影响。日语的"と"相当于"跟"、"和"，但"と"是后置词，总是放在宾语后面。"和我一起来中国的那个朋友是我大学同学"、"跟老师说话的那个学生是英国人"用日语表达分别如下：

（1）私と一緒に中国へきった友達は私の大学の学友です。

（2）先生と話していた学生はイギリス人です。

直译成汉语分别是"我和一起来中国的那个朋友是我大学同学"、"老师跟说话的那个学生是英国人"。正因为如此，他们很容易按照日语的语序来使用汉语的"跟"、"和"。

十、"给 + 宾语"位置错误

📖 **例句**

误：

① ＊回国以后，你写**给我**信。

② ＊跟中国游客聊天留**给我**深刻的印象。

121

正：

③ 回国以后，你**给我**写信。

④ 跟中国游客聊天**给我**留下了深刻的印象。

☞ **分析**

例①的"给我"放在了谓语动词"写"后面，位置错误，"给我"应放在谓语动词前面。

例②的"给我"放在了谓语动词"留"后面，位置也是错误的，"给我"应放在"留"前面，并且"留"后应加上"下"和"了"。

日本学生出现这种错误，可能受到了日语的影响。日语的"くれる"、"あげる"相当于"给"，它们只能位于动词后面。

也可能是汉语的影响，因为汉语的很多词语，如"卖"、"租"、"送"、"还"、"交"等含有"给予"义的动词，"给……"要放在它们后面。受此影响，日本学生以为"给……"可以放在所有动词的后面。

📖 **链接："给 + 名词 / 代词（短语）"的位置**

1. "给 + 名词 / 代词（短语）+ 动词"主要有五种情况：

（1）"给 + 名词 / 代词（短语）"，"名词 / 代词（短语）"表示交付或传递的接受者。例如：

① 回国以后**给我**来封信。

② 你**给妈妈**回个电话吧，她**给你**打了好几个电话了。

③ 昨天老师**给我们**发邮件了，你没看见吗？

（2）"给 + 名词 / 代词（短语）"，"名词 / 代词（短语）"表示动作的受益者。例如：

① 老师下课**给我们**辅导汉字，等会儿再走吧。

② 我记得他**给我**当过翻译。

③ 最近我很忙，妹妹来**给我**看几天孩子。

（3）"给＋名词／代词（短语）"，"名词／代词（短语）"表示动作的受害者。例如：

　　① 对不起，自行车我**给你**弄丢了。

　　② 小心，别把玻璃**给人家**打破了！

（4）"给＋名词／代词（短语）"，"名词／代词（短语）"表示对象或说话人的意志。例如：

　　① 我的词典不见了，你**给我**找找。

　　② 昨天上课的时候，老师**给我们**讲了一个笑话。

　　③ 你没事，**给我**把衣服洗一洗。

（5）"给＋名词／代词（短语）"表示被动。例如：

　　① 门**给风**吹开了，你帮关一下。

　　② 手机**给弟弟**弄坏了，真气人！

　　③ 衣服**给雨**淋湿了，换下来吧！

2."动词＋给＋名词／代词（短语）"，"动词"一般是表示"给予"意义的，像"借、送、发、卖、租、还、寄"等。例如：

　　① 这本书我还没看完，不能**借给你**。

　　② 我来中国留学，妈妈**送给我**一部新手机。

　　③ 昨天的作业都**发给你们**了。

十一、"向＋宾语"位置错误

📖 **例句**

　　误：

　　　① ＊你看**向远处**。

　　　② ＊这辆火车开**向上海**。

正：

③ 你**向远处**看。

④ 这辆火车**向上海**开去。

☞ **分析**

例①的"向远处"放在了谓语动词"看"后面，位置错误，应放在谓语动词前面。

例②的"向上海"放在了谓语动词"开"后面，位置也错误，应放在"开"前面，并且"开"后应加上"去"。

日本学生出现这样的错误，是受到了汉语的影响。因为"向＋宾语"有的可以出现在动词后，如"走向未来"、"奔向前方"。受此影响，他们以为"向……"都可以出现在动词后。

第八节　连词常见错误

一、误用"和"

📖 **例句**

误：

① *爸爸和妈妈和哥哥都来过中国。

② *他会说汉语和英语和韩国语。

正：

③ 爸爸、妈妈和哥哥都来过中国。

④ 他会说汉语、英语和韩国语。

☞　**分析**

　　"和"连接三项以上的成分时，应放在最后两项之间，其他各项之间都用"、"隔开。例①的"爸爸"和"妈妈"之间、例②的"汉语"和"英语"之间都误用了"和"，"和"应改为"、"。

　　日本学生出现这种错误，是受到了日语的影响。日语的"と"相当于汉语的"和"，但连接三项以上的成分时，每两项之间都可以用"と"。"爸爸、妈妈和哥哥都来过中国"、"他会说汉语、英语和韩国语"用日语表达分别为：

　　（1）父と母と兄は中国へ来たことがありました。

　　（2）彼は中国語と英語と韓国語ができます。

直译成汉语分别是"爸爸和妈妈和哥哥都来过中国"、"他会说汉语和英语和韩国语"。受此影响，不该用汉语的"和"时他们往往也使用了。

📖　**链接："和"的用法**

　　1.用来连接名词、代词、动词和形容词等。连接做谓语的动词或形容词时，动词和形容词为双音节，谓语前或后还必须有状语或宾语。例如：

　　　　①**书和本子**都买了，不用再买了。

　　　　②**我和她**都没去过那儿，去那儿吧。

　　　　③那个演员非常**高大和英俊**。（"高大和英俊"前面有状语"非常"）

　　　　④大会**讨论和通过**了两个决议。（"讨论和通过"后面有宾语"两个决议"）

　　2.连接三项以上时，"和"放在最后两项之间，前面各项之间用"、"隔开。例如：

① **中国、美国和加拿大**我都去过。

② 大家都喜欢吃包子、**饺子和面条**。

二、误用"因为"代替"既然"

📋 **例句**

误：

① ＊**因为**天气不好，那就别去了。

② ＊你**因为**来了，就别走了。

正：

③ **既然**天气不好，那就别去了。

④ 你**既然**来了，就别走了。

☞ **分析**

"因为"用在前一分句表示原因，后一分句表示结果；"既然"用在前一分句提出已成为现实的或已肯定的前提，后一分句是根据这一前提推出的结论。例①的"天气不好"是客观事实，"那就别去了"是推出的结论，而不是结果，但"天气不好"前面却用了"因为"，所以句子不成立，"因为"应改为"既然"。

例②的"你来了"也是客观事实，"就别走了"也是推出的结论，而"你来了"分句中却用了"因为"，所以句子也不成立，"因为"也应改为"既然"。

日本学生出现这种错误，原因在于汉语的"因为"、"既然"意义比较抽象且相近，因此很容易把它们混同起来。

📖 **链接："因为"和"既然"的区别**

1."因为"所在的分句表示的是原因，后一个分句表示的是结果，后一个分句中经常用"所以"跟它配合。"因为"表示的原因对听话人来说不是已知信息。例如：

①**因为**没有钱，**所以**不能去旅游。

②**因为**考试太难，**所以**没考好。

2."既然"所在的分句表示的是前提，后一个分句表示的是推断或结论，后一个分句中经常用"就、也、还"等。"既然"表示的前提对说话人和听话人来说是已知信息。例如：

①**既然**你不想去，那**就**别去了。

②你**既然**感冒了，**就**不要来上课了。

③**既然**已经考完了，**就**不要再去想它了。

三、误用"由于"代替"因为"

📄 **例句**

误：

①＊他考得不好，**由于**没有好好复习。

②＊我到中国来是**由于**我对中国感兴趣。

正：

③他考得不好，**因为**没有好好复习。

④我到中国来是**因为**我对中国感兴趣。

☞ **分析**

连词"由于"只能用于前一个分句中。例①的"由于"所在的分句放在后面了，所以句子不成立，"由于"应改为"因为"。例②的"由于……"充当"是"的宾语了，句子也不成立，"由于"也应改为"因为"。

"由于"、"因为"意义相同，正因为这样，日本学生常常忽视二者用法上的不同，而把它们等同起来。这大概就是以上错误出现的原因。

📖 **链接："由于"和"因为"的区别**

由于

1. "由于"可以是介词。例如：

① **由于**工作关系，我在北京住了三年。

② **由于**各种原因，比赛最后还是取消了。

2. "由于"可以是连词，常和"所以、因此、因而"配合使用。例如：

① **由于**天气不好，**所以**比赛推迟了一天。

② **由于**意见不一致，**因此**明天还要继续讨论。

③ **由于**考试成绩不理想，**因而**上好大学的希望就落空了。

因为

1. 连词，常和"所以"配合使用，形成"因为……，所以……"复句。例如：

① **因为**暑假要打工，**所以**他不能去中国旅游。

② **因为**没有钱，**所以**不能买车。

③ **因为**太贵，**所以**我不买这件衣服。

2. "因为"还可以组成"（之所以）……是因为……"这样的句子。例如：

① 比赛（之所以）取消了，**是因为**天气不太好。

②（之所以）不买车，**不是因为**没有钱，**是因为**我不喜欢开车。

③ 我（之所以）学习汉语，**是因为**我觉得汉语很有意思。

✪ **注意**

1. "由于"多用于书面语，"因为"口语、书面语都可以使用。

2. "因为"只能与"所以"配合使用，不能与"因此、因而"配合使用。"由于"既可以跟"所以"配合使用，也可以跟"因此、因而"配合使用。

3. "因为"所在的分句可以放在后面，"由于"所在的分句不能放在后面。例如：

①我喜欢学习汉语，**因为**我觉得汉语很有意思。

②他们离婚了，**因为**他们两个性格不合。

③*今年我去中国留学，**由于**我觉得在中国学习汉语进步会更快。

4. "因为"可以说"……是因为……"，"由于"没有此种用法。例如：

①今天带伞**是因为**怕下雨。

②我来中国，**是因为**我喜欢中国。

③*比赛取消了，**是由于**天气不太好。

四、误用"于是"代替"所以"

📄 **例句**

误：

①*我们都去邮局，**于是**我们一起去。

②*汉语老师下个星期一去上海开会，**于是**下个星期一不上课。

正：

③ 我们都去邮局，**所以**我们一起去。

④ 汉语老师下个星期一去上海开会，**所以**下个星期一不上课。

☞ **分析**

"于是"表示一件事情承接前一件事情而发生，一般用于已经发生的事情；"所以"表示结果或结论，既可以用于已经发生的事情，也可以用于将来发生的事情。例① 的"我们都去邮局"、例②的"汉语老师下个星期一去上海开会"都是原因；例① 的"我们一起去"、例② 的"下个星期一不上课"都是结果，并且都是将来发生的事情，但前面都用了"于是"，所以句子不成立。"于是"都应改为"所以"。

日本学生出现这种错误，是因为"于是"、"所以"表示的意义有相近之处，再加上意义比较抽象，所以他们常常混用起来。

📖 **链接："于是"和"所以"的区别**

于是

"于是"表示一件事情承接前一件事情，是前一件事情引起的，一般用于已经发生的事情。例如：

① 这次考试考得不错，**于是**我又有了继续学习汉语的信心。

② 前天去商店看见一件漂亮的衣服，**于是**就买了一件。

③ 那天我没有事，正好山本来找我玩，**于是**我们就一起去了颐和园。

所以

"所以"表示结果或结论，常跟"因为"配合使用。例如：

① 因为没做作业，**所以**老师批评了我。

②**因为**离学校太远，**所以**每天开车去上课。

③**因为**天气不好，**所以**足球比赛推迟了。

五、误用"为了"代替"因为"

📄 **例句**

误：

①***为了**她病了，她不能跟我们一起去。

②***为了**台风来了，不能来上课。

正：

③**因为**她病了，她不能跟我们一起去。

④**因为**台风来了，不能来上课。

☞ **分析**

汉语的"为了"表示目的，"因为"表示原因，二者有很大的区别。例①、例②的"她病了"、"台风来了"都表示原因，却用了"为了"，句子不成立，"为了"应改为"因为"。

日本学生出现这样的问题，是受到了日语的影响。日语的"のために"既有"为了"的意思，也有"因为"的意思。受此影响，他们常把汉语的"因为"和"为了"混同起来。

📖 **链接："为了"和"因为"的区别**

为了

介词，主要有如下用法：

1."为了＋名词/代词（短语）"表示动作行为的受益者。例如：

①**为了**你，我的工作都丢了。

②**为了**孩子，什么苦我都可以吃。

2."为了＋动词（短语）"表示目的。例如：

① **为了学好汉语**，我要去中国留学。

② **为了买到一张足球比赛的票**，他排了一夜的队。

3."……是＋为了＋……"表示目的。例如：

① 我这么做全**是为了你**！

② 她住在家里**是为了给父母省钱**。

③ 买车**是为了出去玩儿方便**。

因为

"因为"的用法参见本节"三"的"链接"（第128—129页）。

六、漏用"但是"或"可是"

例句

误：

① *朋友**虽然**没有帮助我，我的汉语进步很快。

② *今天**虽然**下雨了，天气不太冷。

正：

③ 朋友**虽然**没有帮助我，**但是（可是）**我的汉语进步很快。

④ 今天**虽然**下雨了，**可是（但是）**天气不太冷。

分析

汉语的转折复句前后两个分句中都要使用连词。例①、例②后一个分句的主语前都漏用了连词"但是"、"可是"等，所以句子不成立，应加上连词。

日本学生出现这种错误，是受到了日语的影响，"朋友虽然没有帮助我，但是我的汉语进步很快"、"今天虽然下雨了，可是天气不太冷"用日语表达分别为：

（1）友達は助けてくれませんでしたが，わたしの中国語
の上達はとても早いです。

（2）今日は雨が降りましたが，あまり寒くありません。

直译成汉语分别是"朋友虽然没有帮助我，我的汉语进步很快"和
"今天虽然下雨了，天气不太冷"正因为如此，后一个分句前常常
漏用连词。

七、"或（者）"和"还是"混用

📑 **例句**

误：

①＊他打算明天**还是**后天去。

②＊我想买一本书**还是**一本词典。

③＊你们去上海**或（者）**北京？

正：

④他打算明天**或（者）**后天去。

⑤我想买一本书**或（者）**一本词典。

⑥你们去上海**还是**北京？

☞ **分析**

"或者"用于陈述句，"还是"多用于疑问句。例①、例②
都是陈述句，但用了"还是"，句子不成立，"还是"应改为"或
（者）"；例③是疑问句，却用了"或（者）"，句子也不成立，"或
（者）"应改为"还是"。

"或（者）"、"还是"意义相近，正因为如此，日本学生往往忽
视了二者用法上的区别，把它们混同起来。

📖 **链接："或（者）"、"还是"的区别**

或（者）

1．"或（者）"用于陈述句。例如：

① 这次去上海**或（者）**广州，都可以。

② 咱们中午吃包子**或（者）**饺子吧。

③ 星期一**或（者）**星期二我都行，你呢？

2．"或（者）"可以两个以上一起使用。例如：

① **或（者）**你去，**或（者）**我去，只能去一个人。

② 你**或（者）**同意，**或（者）**反对，没有别的选择。

③ **或（者）**出国，**或（者）**工作，**或（者）**上研究生，你决定吧。

还是

1．"还是"多用于疑问句，经常与"是"配合使用，形成"（是）……，还是……"这样的句子。例如：

① 我们（**是**）明天去**还是**后天去？

② 你（**是**）喜欢包子**还是**饺子？

③ 汉语（**是**）难**还是**不难？

2．"还是"也可以用于陈述句，主要有两种情况：

（1）"无论（不论、不管）……还是……，都（总）……"，表示任何条件下结果或情况等都不会改变。例如：

① **无论**下雨**还是**不下雨，明天**都**要比赛。

② **不论**去**还是**不去，**都**要告诉我。

③ **不管**贵**还是**不贵，我**都**要买。

（2）"还是"所在的结构可以做"知道、告诉、忘、说、听说"等的主语或宾语。例如：

① 明天**去还是不去**我不知道。

② 我忘了老师**说过**还是**没说过**。

③ 我没听说过她**结了婚**还是**没结婚**。

八、"不但"位置错误

📖 **例句**

误：

①* 我**不但**会说汉语，而且我爸爸也会说汉语。

②* **不但**汉字难写，而且难记。

正：

③ **不但**我会说汉语，而且我爸爸也会说汉语。

④ 汉字**不但**难写，而且难记。

☞ **分析**

两个分句的主语如果不同，"不但"应放在前一个分句主语前
面。例①前一个分句的主语是"我"，后一个分句的主语是"我爸
爸"，主语不同，"不但"放在前一个分句主语"我"的后面了，位
置错误，应放在"我"前面。

两个分句的主语如果相同，"不但"应放在前一个分句主语后
面。例②前一个分句的主语是"汉字"，后一个分句的主语也是
"汉字"（省略了），主语相同，"不但"放在前一个分句主语"汉

字"的前面了，位置错误，应放在"汉字"后面。

日本学生出现这种错误，是受到了汉语的影响。汉语很多连词的位置（如"因为"、"如果"、"即使"、"虽然"、"只要"等）不受主语的影响，既可以放在主语前，也可以放在主语后。正因为这样，他们以为"不但"的位置也不受主语的影响。

📖 链接："不但"的位置

1. 前、后两个分句主语相同时，"不但"放在主语后。

①爸爸**不但**会说日语，而且（爸爸）会说英语。（前、后两个分句的主语都是"爸爸"）

②明天**不但**有大风，而且有大雨。（前、后两个分句的主语都是"明天"）

2. 前、后两个分句主语不同时，"不但"放在主语前。

①**不但**口语成绩好，而且语法成绩也不错。（前一个分句的主语是"口语成绩"，后一个分句的主语是"语法成绩"。）

②**不但**弟弟不会做这道题，而且哥哥也不会做。（前一个分句的主语是"弟弟"，后一个分句的主语是"哥哥"。）

⭐ 注意

与"不但"搭配的"而且"所引导的分句，不管主语是否与前一个分句相同，都只能放在主语前面。

📖 链接：连词在句中的位置

表8　汉语常用连词在句中的大致位置

连词	位置			
	前后两个分句主语不同时		前后两个分句主语相同时	
	主语前	主语后	主语前	主语后
不但	√	×	×	√
而且	√	×	√	×

续表

连词	位置			
	前后两个分句主语不同时		前后两个分句主语相同时	
	主语前	主语后	主语前	主语后
虽然	√	√	√	√
但是	√	×	√	×
因为	√	×	√	×
所以	√	×	√	×
由于	√	×	√	×
既然	√	√	√	√
既	×	√	×	√
只要	√	√	√	√
只有	√	√	√	√
如果	√	√	√	√
那么	√	×	√	×
要是	√	√	√	√
即使	√	√	√	√
哪怕	√	√	√	√
无论	√	√	√	√
不论	√	√	√	√
不管	√	√	√	√
任凭	√	×	√	×
除非	√	√	√	√
宁可	×	√	×	√
宁愿	×	√	×	√
要么	√	×	×	√
就是	√	√	√	√
尽管	√	√	√	√

九、"不管"、"不论"、"无论"所在句子错误

📋 **例句**

误：

①＊不管**考试**，我一定要去。

②＊不论明天**下雨**，运动会都按时进行。

③＊无论**你们和他们**，明天都要来。

正：

④不管**考不考试**，我一定要去。

⑤不论明天**下不下雨**，运动会都按时进行。

⑥无论**你们还是他们**，明天都要来。

☞ **分析**

"不管"、"不论"、"无论"只能用于有"动词＋不／没（有）＋动词"、"形容词＋不＋形容词"、"A 还是 B"或含有疑问代词的句子中。例①的"考试"是动词，例②的"下雨"是动词短语，例③的"你们和他们"是名词短语，都不符合条件，所以句子都不成立。例①应改为"考不考试"，例②应改为"下不下雨"，例③应改为"你们还是他们"。

日本学生出现这种错误，大概是受到了汉语的影响。因为汉语的连词绝大多数对所在的句子没有特别的要求，因此他们误以为"不管"、"不论"、"无论"对所在的句子也没有什么特别的要求。

📖 **链接："不管"、"不论"、"无论"的用法**

不管

表示任何条件下结果、结论或情况等都不会改变。

1. "不管……+疑问词……，……"。例如：

　　① **不管谁**去，我都不去。

　　② **不管天气怎么样**，明天一定出发。

　　③ **不管汉语多么**难，我都要坚持学下去。

2. "不管+动词/形容词+不/没（有）+动词/形容词，……"。例如：

　　① **不管去没（有）去**，都要写一份报告。

　　② **不管好不好**，这些东西我都买了。

3. "不管……还是……，……"。例如：

　　① **不管喜欢还是**不喜欢，这些课都得学。

　　② **不管你去还是**他去，我都不去。

　　③ **不管便宜还是**贵，我们都不买。

不论、无论

表示在任何情况下结果、结论或情况都不会改变。

1. "不论/无论……+疑问词……，……"。例如：

　　① **不论/无论汉语多么**难，我都要坚持学下去。

　　② **不论/无论谁**去，都可以。

　　③ **不论/无论天气怎么样**，明天一定出发。

2. "不论/无论……+动词+不/没（有）+动词，……"。例如：

　　① **不论/无论你喜欢不喜欢**，这些课都得学。

　　② **不论/无论吃没（有）吃**，都要交钱。

　　③ **不论/无论去没（有）去**，都要写一份报告。

3. "不论/无论……还是……，……"。例如：

　　① **不论/无论去还是**不去，都要告诉我一声。

　　② **不论/无论刮风还是**下雨，比赛明天都要进行。

③ **不论/无论**好还是**不好**，这些东西我都买了。

⭐ **注意**

"不管"、"不论"、"无论"虽然是同义词，但是"不管"多用于口语，"不论"、"无论"多用于书面语。另外，"不管"后面可以是"形容词+不+形容词"，"不论"、"无论"后面不能是"形容词+不+形容词"，只能是"形容词+还是+不+形容词"。例如：

① 不管**热不热**，他中午都打球。

② 不论/无论**热还是不热**，他中午都打球。

第九节　助词常见错误

一、"了"使用中的错误

（一）误用"了"

1. 连动句、兼语句第一个动词后误用"了"。

📑 **例句**

误：

① ＊妈妈去**了**商店买了一本书。

② ＊国王派**了**人来了。

正：

③ 妈妈去商店买了一本书。

④ 国王派人来了。

☞　**分析**

　　表示已经发生的动作行为的连动句一般在最后一个动词后面用上"了"。例①是连动句，表示的动作行为已经发生，第一个动词"去"后面用了"了"，句子不成立，"了"应该删去。

　　表示已经发生的动作行为的兼语句一般也在最后一个动词后面用上"了"。例②是兼语句，表示的动作行为已经发生，但第一个动词"派"后面用了"了"，句子也不成立，"了"也应该删去。

　　日本学生出现这种错误，是过度类推的结果。"了"表示"实现"，因此他们以为凡是实现的动作行为，动词后面都要用上"了"。

　　2. 直接引语前面的动词后误用"了"。

📄　**例句**

　　误：

　　　　①＊她说了："我一定要学汉语！"

　　　　②＊老师问了："你怎么了？"

　　正：

　　　　③她说："我一定要学汉语！"

　　　　④老师问："你怎么了？"

☞　**分析**

　　直接引语前面的动词不能带"了"。例①"说"、例②"问"都带"了"了，句子不成立，"了"应该删去。

　　日本学生出现这样的错误，是受到了日语的影响。"她说：'我一定要学汉语！'"、"老师问：'怎么了？'"用日语表达分别为：

　　（1）彼女は「私はぜひ中国語を勉強したい」と言いました。

（2）先生は「君はどうですか」と言いました。

直译成汉语分别是"她说了：'我一定要学汉语！'"和"老师问了：'你怎么了？'"受此影响，他们常在汉语的直接引语前面的动词后误用"了"。

3. 一些双音节动词后面误用"了"。

📑 **例句**

　　误：

　　　①＊我**听说**了他要回国。

　　　②＊大家**决定**了去看棒球比赛。

　　正：

　　　③我**听说**他要回国。

　　　④大家**决定**去看棒球比赛。

☞ **分析**

汉语的一些双音节动词，像"听说、听见、决定、拒绝、答应、开始"等，带动词短语或形容词短语做宾语时，后面不能带"了"。例①"听说"的宾语"他要回国"、例②"决定"的宾语"去看棒球比赛"都是动词短语，"听说"、"决定"都带了"了"，所以句子不成立，"了"应该删去。

以上错误的出现，也是受到了日语的影响。"我听说他要回国"、"大家决定去看棒球比赛"用日语表达分别为：

　　（1）私たちは彼が帰国するつもりだと聞きました。

　　（2）みんなは野球の試合を見ることにほした。

直译成汉语就是"我听说了他要回国"、"大家决定了去看棒球比赛"。受日语影响，汉语的动词短语或形容词短语做"听说"、"决定"等动词的宾语时，他们常在这些动词后用上"了"。

4. "没（有）+ 动词 + 结果补语"后误用"了"。

📑 **例句**

误：

　　① * 今天我**没有**做完**了**作业。

　　② * 这件衣服**没**洗干净**了**。

正：

　　③ 今天我**没有**做完作业。

　　④ 这件衣服**没**洗干净。

☞ **分析**

"动词 + 结果补语 + 了"的否定是在动词前面加上"没（有）"，同时删去"了"。例①的"没有"后面是"做完了"，例②的"没"后面是"洗干净了"，"没"和"了"同时出现了，所以都不对，"了"都应该删去。

这种错误的出现，也是受到了日语的影响。日语的"……た"相当于汉语的"了"，"……た"的否定形式是"……ませんてした"，其中仍保留着"た"，因此日本学生以为"没（有）+ 动词 + 结果补语"后面也应用"了"。

5. "（主语）+ 非常 + 形容词"后面误用"了"。

📑 **例句**

误：

　　① * 演讲比赛我们班得了一等奖，同学们非常高兴**了**。

　　② * 听到这个消息，我非常吃惊**了**。

正：

　　③ 演讲比赛我们班得了一等奖，同学们非常高兴。

　　④ 听到这个消息，我非常吃惊。

☞ **分析**

汉语的"（主语）+非常+形容词"用于客观陈述或评价已经发生的事情或情况时，后面不能带"了"。例①、例②的"非常高兴"、"非常吃惊"后面都有"了"，句子不成立，"了"都应该删去。

日本学生出现这种错误，是受到了日语的影响。"同学们非常高兴"、"我非常吃惊"用日语表达分别如下：

（1）学生たちは大へん嬉しかった。

（2）私は大へんびっくりしました。

以上二例中的"嬉しかった""びっくりしました"分别是"嬉しい"（高兴）和"びっくりする"（吃惊）的过去式，其中的"た"相当于汉语的"了"。受此影响，他们在用汉语的"（主语）+非常+形容词"客观陈述或评价已经发生的事情或情况时，经常在后面用上"了"。

（二）漏用"了"

1. 叙述连续发生的几个动作，第一个动词后漏用"了"。

📄 **例句**

误：

①＊听老师的话，我们就放心了。

②＊我们吃饭再去吧。

正：

③听了老师的话，我们就放心了。

④我们吃了饭再去吧。

☞ **分析**

叙述连续发生的几个动作或情况，当前一个动作或情况发生或完成后才会出现后一个动作或情况，并且前一个动作或情况的发生是后一个动作或情况发生的时间或条件时，前一个动词后一般要带"了"①。例①的"听老师的话"是"放心"发生的条件，而且"听老师的话"完成在前，但"听"没带"了"，句子不成立，应加上"了"。

例②的"吃饭"发生在"去"之前，而且"吃饭"是"去"发生的条件，但"吃"没带"了"，句子不成立，也应加上"了"。

日本学生出现这样的错误，是受到了日语的影响。"听了老师的话，我们就放心了"、"我们吃了饭再去吧"用日语表达分别为：

（1）先生の話を聞くと，私たちは安心しました。

（2）食事をしてから，私たちはいきましょう。

这两句直译成汉语分别是"听老师的话，我们就放心了"和"我们吃饭再去吧"。正因为如此，他们常忘了在第一个动词后用上"了"。

2."动词＋了＋数量（名）"后漏用"了"。

📑 **例句**

误：

①老师：你们学了多长时间汉语了？

学生：＊我学了一年汉语。

②老师：你在这儿住了多长时间了？

学生：＊住了三个月。

正：

③老师：你们学了多长时间汉语了？

学生：我学了一年汉语了。

④老师：你在这儿住了多长时间了？

学生：住了三个月了。

① 参见《实用现代汉语语法》（增订本），第372页。

☞ **分析**

"动词＋了＋数量（名）"中的"数量"表示动作行为持续的时间或完成的数量，后面没有后续句，隐含着动作行为已经完成，不再继续。"动词＋了＋数量（名）＋了"中的"数量"也表示动作行为持续的时间或完成的数量，但隐含着动作行为还要持续下去。例①的"学"持续了"一年"，从问句来看，"学生"还在学习，并要继续学下去，"一年汉语"后面应该加上"了"。

例②的"住"持续了"三个月"，从问句来看，"我"还住在这儿，并且还要住下去，"三个月"后面也应加上"了"。

日本学生出现这种错误，同样是受到了日语的影响。"我学了一年汉语了"、"住了三个月了"用日语表达分别如下：

（1）私は一年間中国語を勉強しました。

（2）三か月住みました。

直译成汉语分别是"我学了一年汉语"、"住了三个月"。受日语影响，他们经常只在谓语动词后面用上"了"。

📖 **链接："了"用不用的规律**

1. 如果句中有表示过去某一时间的词语，而某一动作行为在这一时间内已经发生，动词后要用"了"。例如：

① **去年五一**，大家去了黄山。

② **昨天中午**，家里来了一位客人。

2. 一个动作行为或情况后跟着另一个动作行为或情况，不管第一个动作行为或情况是否已发生或实现，第一个动词后要用"了"。例如：

① 我们吃了饭再去看电影吧。

② 昨天我洗了澡就睡了。

3. 直接引语前或后的动词后面不用"了"。例如：

①老师**说**："这次没考好没关系，以后再努力吧！"

②"你吃什么了？"妈妈**问**。

4. 宾语为动词（短语）、形容词短语、主谓短语时，谓语动词后不用"了"。例如：

①考上大学，爸爸答应**给我买一辆电动车**。

②我觉得**这价钱不贵**。

5. 结果补语、程度补语前的动词后不用"了"。例如：

①你**吃完**饭再走吧！

②她**洗完**衣服就去图书馆了。

③你**说得好极了**！

（三）"了"的位置错误

📑 **例句**

误：

①＊昨天我们去**了**看一场电影。

②＊爸爸来**了**中国旅游。

正：

③昨天我们去看**了**一场电影。

④爸爸来中国旅游**了**。

☞ **分析**

表示动作行为已经发生或实现的连动句，如果第二个动词（短语）表示的是第一个动作行为的目的，一般在第二个动词后带"了"。例①、例②都是动作行为已经发生或实现的连动句，"看一场电影""旅游"分别是"去"和"来中国"的目的，但"了"却分别放在了第一个动词"去"和"来"的后面，因此句子不成立，"了"应分别放在最后一个动词"看"和"旅游"的后面。

日本学生出现这种错误，也是受到了日语的影响。"昨天我们去看了一场电影"、"爸爸来中国旅游了"用日语表达分别为：

（1）昨日私たちは映画を見に行きました。

（2）おとうさんは中国へ旅行にきました。

直译成汉语分别是"昨天我们去了看一个电影"、"爸爸来了中国旅游"。受此影响，他们常在汉语表示动作行为已经发生的连动句的第一个动词后面用上"了"。

📖 **链接："了"的位置**

1. 表示动作行为已经发生或实现的连动句，如果第一个动词（短语）表示的动作行为发生以后再发生第二个动词（短语）表示的动作行为，"了"一般放在第一个动词后面。例如：

①上学的时候，姐姐抓了一把糖给我，给你两个吧。

②弟弟趁妈妈不注意，偷偷拿了几块巧克力放进书包里。

2. 表示动作行为已经发生或实现的连动句，如果第一个动词（短语）表示第二个动词（短语）所表示的动作行为的方式、工具，或第二个动词（短语）表示的动作行为是第一个动词表示的动作行为的目的，一般第二个动词后面带"了"。例如：

①妈妈开车送了我一段路，所以今天来得早一些。

②弟弟伸手打了一下那个孩子，所以那个孩子哭了。

③天冷了，我昨天去商店买了一件毛衣。

3. 表示动作行为已经发生或实现的兼语句，一般后一个动词后带"了"。例如：

①老师又让我写了一遍。

②上星期公司派他去了上海。

4. 几个分句如果叙述的是已经发生或实现的一连串动作行为，一般最后一个分句的动词后用"了"。例如：

①学校今天**开会**，会上**表扬了**刘老师。

②弟弟**穿衣服**，**刷牙**，**吃饭**，吃完饭背起书包就**走了**。

5. "了"放在"动词＋结果补语"后面。例如：

①那本书我已经看完了，你拿去看吧。

②这些衣服都洗干净了，收起来。

6. "动词＋来／去"不带宾语，"了"位于"来、去"的后面；带宾语，有两种位置：

（1）"动词＋来／去＋了＋宾语"。例如：

①家里给我寄来了一箱吃的，一会儿给你一点儿。

②天气突然冷了，昨天我开车给弟弟送去了一些衣服。

（2）"动词＋了＋宾语＋来／去"。例如：

①家里给我寄了一箱吃的来，一会儿给你一点儿。

②天气突然冷了，昨天我开车给弟弟送了一些衣服去。

7. "动词＋复合趋向补语"不带宾语，"了"有两种位置：

（1）"动词＋了＋复合趋向补语"。这类句子带有描写色彩，有突出动作的作用。例如：

①我让你拿100块钱出来，你怎么把钱全拿了出来？

②那座山太高，我们好不容易才爬了上去。

（2）"动词＋复合趋向补语＋了"。这类句子没有描写色彩。例如：

①你怎么把钱全拿出来了？赶快放回去！

②孩子爬上去了，你看着点！

二、"着"使用中的错误

（一）误用"着"代替"地"

📑 **例句**

误：

> ① * 孩子们快乐**着**唱歌。
>
> ② * 妈妈高兴**着**说："真是个好孩子！"

正：

> ③ 孩子们快乐**地**唱着歌。
>
> ④ 妈妈高兴**地**说："真是个好孩子！"

☞ **分析**

形容词不能带"着"做状语。例①、例②的"快乐"、"高兴"是形容词做状语，后面带"着"了，句子不成立，"着"应改为"地"。另外，例①的"唱"后面还应该加上"着"，因为这个句子是描写句，描述的是当时正在发生的动作行为。

日本学生出现这种错误，大概是过度类推的结果。汉语有些表示颜色的形容词，像"红"、"黑"等，可以带"着"表示伴随状态。例如：

> （1）小姑娘红**着**脸跑出去了。
>
> （2）哥哥黑**着**脸进来了。

受此影响，他们以为汉语中的形容词都可以带"着"。

（二）误用"着"代替"在"

📑 **例句**

误：

> ① A：同学们在干什么？

B：*同学们写着作业。

②A：老师在干什么？

B：*老师上着课。

正：

③A：同学们在干什么？

B：同学们在写作业。

④A：老师在干什么？

B：老师在上课。

☞ **分析**

"动词＋着＋……"一般不能用来回答问题。例①的"同学们写着作业"、例②的"老师上着课"都用来回答问题，所以不对。这两例中的"着"都应该删去，分别在"写"和"上"前加上"在"。

日本学生出现这种错误，大概是受到了日语的影响。"着"和"在"日语都是"……ている"。受此影响，他们误以为汉语的"着"和"在"也相同。

📖 **链接："着"和"在"的区别**

1."着"表示持续，同时表示动作行为的方式或情态，带有描写色彩。"在"表示进行，多用于叙述。例如：

①墙上挂着一幅画。

②老师站着讲课，我们坐着听课。

③A：你在干什么？

B：我在看电视。

2."着"可以用于祈使句中，"在"不行。例如：

①你看着这些行李！我去买票。

② 大家听**着**！明天谁都不许迟到。

3. "动词＋着"可以重叠使用，"在＋动词"则不行。例如：

① 她**说着说着**就哭了起来，不知道为什么。

② 孩子早上起得早，**吃着吃着**就睡着了。

（三）漏用"着"

📄 **例句**

误：

① *朋友担心地**看**我说："没事吧？"

② *牌子上**写**"此地无银三百两"。

正：

③ 朋友担心地**看着**我说："没事吧？"

④ 牌子上**写着**"此地无银三百两"。

☞ **分析**

例①的"看"表示伴随状态，后面没有"着"，句子不成立，应该加上"着"。

例②是存现句，动词"写"后面没有"着"，句子也不成立，也应该加上"着"。

日本学生出现这种错误，是受到了日语的影响。"朋友担心地看着我说：'没事吧？'"、"牌子上写着'此地无银三百两'"用日语表达分别为：

（1）友達は心配そうに私を見て言いました。「大丈夫？」

（2）板の上には「ここに三百両の銀がない」と書いてありました。

直译成汉语分别是"朋友担心地看我说：'没事吧？'"、"牌子上写

'此地无银三百两'"。受此影响，汉语该用"着"时他们常常没有使用。

📖 **链接：动词、形容词能否带"着"的情况**

  1.少数表示颜色的形容词可以带"着"，表示伴随状态。例如：

    ① 哥哥**黑着**脸走了进来，不知道为什么。

    ② 大家开她的玩笑，她非常不好意思，**红着**脸跑出去了。

  2.持续动词可以带"着"。例如：

    ① 你**看着**我的眼睛说话！

    ② 今天的作业在黑板上**写着**呢！自己看吧。

    ③ 前面一群孩子**唱着**歌走过来了。

    ④ 这个保护区里**保护着**一百多种动物。

  3.趋向动词不能带"着"。

  4.关系动词，如"在、是、属于、拥有"等，不能带"着"。

（四）带"着"的句子否定错误

📄 **例句**

  误：

    ① * 明天**不带着**你弟弟。

    ② * 昨天桌子上**不放着**书。

  正：

    ③ 明天**不要带着**你弟弟。

    ④ 昨天桌子上**没（有）**放书。

☞ **分析**

  非假设条件句、非疑问句中的"动词＋着＋……"不能用"不"否定，只能用"没（有）"、"别"、"不要"等否定。例①、例②不是假设条件句，也不是疑问句，"带着你弟弟"和"放着书"都

用"不"否定，句子不成立。例①是祈使句，"不"应改为"不
要"；例②是存在句，"不"应改为"没（有）"，并且要删去
"着"。

日本学生出现这种错误，是过度类推的结果。汉语的动词和
形容词一般能用"不"进行否定。正因为这样，他们以为"动词＋
着＋……"也可以用"不"否定。

📖 **链接：带"着"的句子的否定**

1. 对带"着"的句子进行否定，一般是在动词前面加上"没
（有）"，删去"着"。如果宾语前面有数量成分，数量成分也要删
去。例如：

　　　① 外边下着雨。→外边**没（有）**下雨。

　　　② 孩子背着一个书包。→孩子**没（有）**背书包。

　　　③ 桌子上放着一个台灯。→桌子上**没（有）**放台灯。

句末有语气词"呢"，"呢"也要删去。例如：

　　　① 她带着孩子呢。→她**没（有）**带孩子。

　　　② 他们等着你呢。→他们**没（有）**等你。

2. 祈使句可以用"别"、"不要"直接否定。例如：

　　　① 躺着！→**别**躺着！/**不要**躺着！

　　　② 拿着！→**别**拿着！/**不要**拿着！

　　　③ 在这儿站着！→**别**在这儿站着！/**不要**在这儿站着！

3. 假设条件句、疑问句可以用"不"直接否定。例如：

　　　① **不**躺着就难受，让我躺会儿吧。

　　　② 那天如果你们**不**等着我，就不会赶不上车！

　　　③ 你去商店**不**带着钱包？

　　　④ 孩子这么小，你**不**看着？

✪ **注意**

　　"处所词（短语）+动词+着+（数量）+名词"不能用"不"否定，要用"没（有）"否定，同时删去数量成分：

　　　　①＊黑板上**不**写着（一行）字。—黑板上**没（有）**写字。

　　　　②＊墙上**不**挂着（一幅）画。—墙上**没（有）**挂画。

三、带"过"的句子否定错误

📑 **例句**

　　误：

　　　　①＊我**没（有）**买过**三件衣服**。

　　　　②＊妈妈**没（有）**去过**两次中国**。

　　正：

　　　　③我**没（有）**买过衣服。

　　　　④妈妈**没（有）**去过中国。

☞ **分析**

　　"没（有）"一般不能对"动词+过+数量（名）"直接进行否定。例①的"买过三件衣服"、例②的"去过两次中国"都是"动词+过+数量（名）"，都用"没（有）"直接否定了，所以句子不成立。例①应删去"三件"，例②应删去"两次"。

　　日本学生出现这种错误，是过度类推的结果。汉语的否定句一般在谓语动词前直接加上否定副词，所以他们以为汉语所有句子的否定都是在谓语动词前直接加上否定副词。

📖 **链接：带"过"的句子的否定**

1."动词＋过＋（名词）"的否定是直接在动词前面加上"没（有）"。例如：

　　① 这个词学过。→这个词**没（有）**学过。

　　② 她结过婚。→她**没（有）**结过婚。

2."动词＋过＋数量＋（名词）"是在动词前加上"没（有）"，但"数量"要删去。例如：

　　① 我吃过一次。→我**没（有）**吃过。

　　② 哥哥去过两次上海。→哥哥**没（有）**去过上海。

3."动词＋过＋一＋量词＋（名词）"也可以在动词前直接加上"没（有）"进行否定，但"一"要重读，强调没发生过某种动作行为。例如：

　　① 老王请过一次假。→老王**没（有）**请过'**一次假**。

　　② 哥哥和嫂子结婚以前见过一次面。→哥哥和嫂子结婚以前**没（有）**见过'**一次面**。

四、"的"使用中的错误

（一）误用"的"

📑 **例句**

　　误：

　　　　① *这是我第一次**的**旅行。

　　　　② *听说有三十多个**的**国家。

　　正：

　　　　③ 这是我第一次旅行。

④ 听说有三十多个国家。

☞ **分析**

数量短语做定语一般不能带"的"，例①的"第一次"、例②的"三十多个"都是数量短语，都带了"的"，因此句子不成立，"的"应该删去。

日本学生出现这种错误，是过度类推的结果，因为汉语定语很多都可以带"的"，所以他们误以为数量短语做定语也可以带"的"。

（二）漏用"的"

📑 **例句**

误：

　　① *冰箱里塞得**满满**，没有地方了。

　　② *她**大大**眼睛，**长长**头发，很漂亮。

正：

　　③ 冰箱里塞得**满满的**，没有地方了。

　　④ 她**大大的**眼睛，**长长的**头发，很漂亮。

☞ **分析**

单音节形容词的重叠式做补语和定语，要带"的"。例①的"满满"是形容词重叠式，做补语没带"的"，句子不成立，应该加上"的"。例②的"大大"、"长长"做定语没带"的"，句子也不成立，也应加上"的"。

详细情况参见本章第三节三（四）的"链接"（第44—46页）。

日本学生出现这种错误，是过度类推的结果。汉语形容词做补语不带"的"，做定语一般也不带"的"，所以他们以为形容词重叠式做补语也不带"的"。

五、"地"和"着"混用

📋 **例句**

误：

① * 村长微笑**地**给我们介绍村里的情况。

② * 老师生气**着**告诉我们。

正：

③ 村长微笑**着**给我们介绍村里的情况。

④ 老师生气**地**告诉我们。

☞ **分析**

动词不能带"地"做状语。例①的"微笑"是动词，但是后面却用了"地"，显然不正确，"地"应改为"着"。

形容词一般不能带"着"表示伴随状态。例②的"生气"是形容词，后面却用了"着"，也不正确，"着"应改为"地"。

日本学生出现这种错误，也是过度类推的结果。汉语的形容词可以带"地"做状语，动词可以带"着"表示伴随状态，因此他们以为动词也可以带"地"做状语，形容词也可以带"着"表示伴随状态。

六、"的"、"地"、"得"混用

📋 **例句**

误：

① A：她唱得怎么样？

B：* 她唱**的**不好。

② * 三个人穿**得**衣服都一样。

③ * 我的心情慢慢**的**变化了。

正：

④ A：她唱**得**怎么样？

B：她唱**得**不好。

⑤ 三个人穿**的**衣服都一样。

⑥ 我的心情慢慢**地**变化了。

☞ **分析**

例①问的是"她唱得怎么样？"即问的是结果，回答时却在结果补语前用了"的"，显然不对，"的"应改为"得"。

例②的"穿"是"衣服"的定语，"穿"后却用了"得"，"得"应改为"的"。

例③的"慢慢"是状语，不是定语，后面却用了"的"，"的"应改为"地"。

汉语的"的"、"地"、"得"都是结构助词，而且意义抽象，用法复杂，日本学生很容易把它们混用起来。

📖 **链接："的"、"地"、"得"的区别**

的

1."名词（短语）/ 动词（短语）/ 形容词（短语）/ 代词 + 的 + 名词"。例如：

①**周末的时间**谁都不能占用！

②这是**我买的书**。

③他的衣服脏了，给他换一件**干净的衣服**。

④帮我擦一下**我的桌子**，上面有水。

2."名词（短语）/动词（短语）/形容词（短语）/代词＋的"可以单独使用。例如：

　　① A：你看晚上的还是白天的？

　　　　B：**白天的**。

　　② A：这些东西哪儿来的？

　　　　B：**买的**。

　　③ A：你要长一点儿的还是短一点儿的？

　　　　B：**长一点儿的**。

　　④ A：这是谁的？

　　　　B：**我的**。

地

1."形容词（短语）/副词＋地＋动词（短语）/形容词（短语）"。例如：

　　① 孩子们**高兴地**唱了起来。

　　② 同学们**很快地**适应了这儿的生活。

　　③ 你**偷偷地**走出去，别让孩子看见。

2."形容词/副词＋地"不能单独使用。下面的答句都是错误的：

　　① A：他怎么同意的？

　　　　B：* **痛快地**。

　　② A：咱们怎么出去？

　　　　B：* **偷偷地**。

得

1."动词/形容词＋得＋形容词（短语）/动词（短语）/小句"，"得"后面的是情态补语或可能补语。例如：

　　① 大家**说得很好**。（"得"后为情态补语）

②他篮球**打得不错**。("得"后为情态补语)

③妈妈**气得说不出话来**。("得"后为情态补语)

④我**热得汗都出来了**。("得"后为情态补语)

⑤这样的衣服**卖得出去**吗?("得"后为可能补语)

2."动词/形容词+得+副词","得"后面的是程度补语。例如:

①坐在后面**颠得慌**。

②你这么做,**好得很**!

3."动词(短语)/形容词(短语)+得"一般不能单独使用。下面的答句都是错误的:

①A:我们说得怎么样?

　B:*说得。

②A:昨天忙得怎么样?

　B:*忙得。

七、误用"吗"

📄 **例句**

误:

①*你们吃什么**吗**?

②*他们去不去**吗**?

正:

③你们吃什么?

④他们去不去?

☞ **分析**

"吗"只能用于是非问句和反问句,不能用于特指问句、选择

161

问句和正反问句。例①是特指问句，句中有疑问代词"什么"，但句末用了"吗"，句子不成立，"吗"应删去。例②是正反问句，句末用了"吗"，句子也不成立，"吗"也应删去。

日本学生出现这种错误，同样是过度类推的结果。"吗"可以用于是非问句和反问句，因此他们误以为汉语的所有问句都可以用"吗"。

📖 **链接："吗"的用法**

1. 表示疑问语气，用在是非问句末尾。例如：

①你是留学生**吗**？

②他没去过北京**吗**？

2. 用于反问。肯定形式表示否定的意思，否定形式表示肯定的意思。例如：

①我去过北京，你去过**吗**？（"你去过吗？"意思为"你没去过"）

②教室里只有26度，热**吗**？（"热吗？"意思为"不热"）

③这个汉字我们不是学过**吗**？（意思为"这个汉字我们学过"）

④这个道理连孩子都明白，你不明白**吗**？（"你不明白吗？"意思为"你明白"）

第二章　句子成分常见错误

第一节　主语常见错误

一、主语类型错误

（一）数量（名）短语误做主语

📑 **例句**

误：

①＊**一本书**买了。

②＊**一个学生**走了。

正：

③买了**一本书**。

④走了一个学生。

☞ **分析**

汉语的主语有定指的倾向，即主语一般为说话人和听话人都知道的人或事物。例①的"一本书"、例②的"一个学生"都是非定指的，即具体指哪本书，哪个学生，说话人，特别是听话人并不知道。用它们做主语，如果没有一定的上下文或语境，听话人很难明白。例①的"一本书"、例②的"一个学生"应分别放在"买了"、"走了"后面做宾语。

日本学生出现这种错误，大概有两个原因。一是过度类推。汉语的数量（名）短语有时可以做主语。例如：

（1）一间屋子住人，一间屋子放东西。

（2）一天去长城，一天去天坛。

受此影响，他们以为数量（名）短语什么时候都可以做主语。

二是日语的影响。日语的数量（名）短语要放在动词前面。"买了一本书"用日语表达为：

本1冊を買いました。

直译成汉语就是"一本书买了"。正因为如此，他们常常用汉语的数量（名）短语做主语。

📖 **链接：数量（名）短语做主语的情况**

1.对比时，数量（名）短语可以做主语。例如：

① 这两条裤子，**一条裤腿长**，**一条裤腿**短。

② 他们两个人的经济情况差别很大，**一个人在天上**，**一个人在地上**。

2.分配任务或分发物品时，数量（名）短语可以做主语。例如：

① 你们两个，**一个人去扫地**，**一个人去擦桌子**。

② A：这些书怎么发？

　　B：**一个同学一本**。

3.强调时，数量（名）短语也可以做主语，经常构成"数量（名）+都/也+不/没（有）……"和"连+数量（名）+都/也+不/没（有）……"这样的句子。例如：

①**一个人**都不认识。

②**一天**也没休息。

③这个月钱花光了，连**一分钱**都没剩。

④这个学期我很忙，连**一次电影**都没看过。

4.问句中，数量（名）短语也可以做主语。例如：

①**一个小时**够吗？

②**五块钱**卖吗？

5.表示价格或说明内部构成成分时，数量（名）短语可以做主语，一般情况下多构成"数量（名）+数量（名）"这样的句子。例如：

①**一斤苹果**两块钱，真便宜。

②**一小时**二十块钱，你干不干？

③**一天**二十四个小时，这谁都知道。

（二）非定指名词误做主语

📖 **例句**

误：

①老师：你昨天为什么没来上课？

学生：＊**朋友**来了。

②A：昨天晚上你做什么了？

B：＊**作业**做了。

正：

③老师：你昨天为什么没来上课？

学生：来**朋友**了。

④A：昨天晚上你做什么了？

B：做**作业**了。

165

☞ **分析**

汉语的主语有定指的倾向，做主语的名词多表示说话人和听话人都知道的事物。例①的"朋友"、例②的"作业"做主语，意味着说话人和听话人都知道"朋友"是谁，"作业"是什么作业，但实际上听话人并不知道，也就是说"朋友"和"作业"是非定指名词，因此句子不成立，"朋友"和"作业"只能放在"来"和"做"后面做宾语。

日本学生出现这种问题，是受到了日语的影响。日语中名词做主语，可以是非定指的。例如：

（1）雨がふっています。

（2）授業があります。

以上二例中的"雨"和"授業"（课）都是非定指的。受此影响，他们以为汉语的名词做主语，也可以是非定指的。

二、主谓谓语句大小主语位置错误

📄 **例句**

　误：

　　　① A：上海去过吗？

　　　　 B：＊**我上海**去过。

　　　② A：烤鸭吃过吗？

　　　　 B：＊**我烤鸭**没吃过。

　正：

　　　③ A：上海去过吗？

　　　　B：**上海我**去过。

　　④ A：烤鸭吃过吗?

　　　　B：**烤鸭我**没吃过。

☞ **分析**

　　例①的大主语"我"是施事，小主语"上海"是处所，一般情况下应该处所在前，施事在后，"上海"应放在"我"前面。

　　例②的"我"是施事，"烤鸭"是受事，一般情况下应该受事在前，施事在后，"烤鸭"应放在"我"前面。

　　这种错误的出现，是过度类推的结果。汉语有些主谓谓语句的大主语和小主语位置可以互换。例如：

　　（1）**明天我**去上海。→**我明天**去上海。

　　（2）**昨天老师**没来上课。→**老师昨天**没来上课。

　　正因为如此，日本学生以为所有的大主语和小主语位置都可以互换。

📖 **链接：大、小主语位置不能互换的情况**

　　1. 大主语和小主语是整体和部分关系。例如：

　　①**这盘菜味道**还可以，你尝尝。

　　②**那本书封皮**破了，换一本吧。

　　③**那张桌子腿**坏了，你修一下。

　　2. 大主语是小主语的领有者。例如：

　　①**这孩子眼睛**真大!

　　②**你们学校图书馆**太小。

　　③**部长权力**比科长大。

　　3. 小主语是大主语的属性。例如：

① 他爸爸脾气不好。

② 弟弟性格比较内向。

③ 这件衣服做工不错。

4. 大主语是受事，小主语是施事。例如：

① 苹果弟弟吃了，别找了。

② 衣服我给洗了，在外边晾着呢。

③ 花弟弟浇过了，不用浇了。

✪ 注意 ━━━━━━━━━━━━━━━━━━━━━━━━━━

大主语是受事，小主语是施事，如果有对比项出现，二者的位置也可以互换。例如：

① 弟弟苹果吃了，橘子没吃。

② 我衣服洗了，床单没洗。

③ 他花浇过了，菜没浇。

5. 大主语是工具，小主语是施事。例如：

① 这种刀我用过，很好用。

② 大碗哥哥吃，小碗弟弟吃。

6. 大主语是处所，小主语是施事。例如：

① 大房间爸爸、妈妈住，小房间我们住。

② 那家饭馆我没去过，不知道怎么样。

③ 那儿我们上过课，我带你去。

7. 大主语表示对象或相关的事物，小主语是施事。例如：

① 这次考试她心里没底，所以很着急。

② 电脑我一窍不通，别问我。

第二节　谓语常见错误

一、名词（短语）谓语前误用"是"

📖 **例句**

误：

①　A：你多大？

　　B：＊我**是**十九岁。

②　A：今天星期几？

　　B：＊今天**是**星期一。

③　A：现在几点？

　　B：＊现在**是**九点。

正：

④　A：你多大？

　　B：我**十九岁**。

⑤　A：今天星期几？

　　B：今天**星期一**。

⑥　A：现在几点？

　　B：现在**九点**。

☞ **分析**

客观叙述或回答问题时，汉语有些名词（短语）可以直接做谓语，前面不必加上"是"。例①的"十九岁"表示年龄，例②的"星期一"、例③的"九点"都表示时间，都用来客观地回答问题，这些名词（短语）做谓语前面一般不用"是"，"是"都应该删去。

日本学生出现这种错误，是受到了英语的影响。英语的名词（短语）做谓语，前面必须出现系动词"be"（是）。受此影响，他们以为汉语的名词（短语）做谓语前面也要用上"是"。

✪ **注意**

"（主语）+ 是 + 名词（短语）"可以用于疑问句，也可以用于纠错、强调或提醒等。例如：

① A：她**是**十八岁吗？

B：**是**十八岁。

② A：今天二十号了吧？

B：今天**是**十九号，不是二十号。

二、名词（短语）谓语前漏用"是"

📑 **例句**

误：

① * 那件衣服**红色**。

② * 我们班百分之八十**男同学**。

正：

③ 那件衣服**是红色**。

④ 我们班百分之八十**是男同学**。

☞ **分析**

例①的谓语"红色"是名词，直接做了谓语，句子不成立，前面应加上"是"。

例②的谓语"男同学"是名词短语，也直接做了谓语，句子也不成立，前面应该加上"是"。

　　日本学生出现这种错误，是受到了汉语的影响。汉语有些名词（短语），像表示时间、节令、年龄等的名词（短语），做谓语时前面常常不用"是"。受此影响，他们误以为汉语所有的名词（短语）做谓语时前面都可以不用"是"。

📖 **链接：可以直接做谓语的名词（短语）**

　　1. 表示时间、节令、籍贯等的名词，像星期一、星期二、星期三、星期四、星期五、星期六、星期天、春节、元宵节、端午节、中秋节、国庆节、元旦等，可以直接做谓语。例如：

　　　　① 今天**星期三**。

　　　　② 后天**夏至**。

　　　　③ 他**北京人**。

　　　　④ 明天**国庆节**。

　　2. 表示时间、年龄、长度、重量、价格等的数量（名）短语可以直接做谓语。例如：

　　　　① 现在**九点**。

　　　　② 她**十八岁**。

　　　　③ 哥哥**一米八五**。

　　　　④ 这条鱼**一斤**。

　　　　⑤ 一个**五块钱**。

三、形容词谓语前误用"是"

📄 **例句**

　　误：

　　　　① A：今天天气怎么样？

B：* 今天**是热**。

② A：这儿的东西怎么样？

B：* 这儿的东西**是贵**。

③ A：那个演员怎么样？

B：* 那个演员**是漂亮**。

正：

④ A：今天天气怎么样？

B：今天**很热**。

⑤ A：这儿的东西怎么样？

B：这儿的东西**很贵**。

⑥ A：那个演员怎么样？

B：那个演员**很漂亮**。

☞ **分析**

客观叙述或回答问题时，形容词做谓语，前面一般不用"是"。例①的"热"、例②的"贵"、例③的"漂亮"都是用来客观地回答问题，前面都用"是"了，句子不成立，"是"应该删去，但前面得加上适当的副词，像"很"、"非常"等。

日本学生出现这样的错误，是受到了英语的影响。英语的形容词做谓语时，前面都有系动词"be"（是）。受此影响，他们以为汉语的形容词谓语前也要用"是"。

📖 **链接：形容词谓语前出现"是"的情况**

1.强调或确认的时候，形容词前要用"是"，而且要重读。例如：

① 今天 ' **是热**。

② 他妹妹 ' **是漂亮**。

③ 这个问题 ' **是难**。

2. "A 是 A"中的 A 可以是形容词，表示让步。例如：

① 这件衣服**好看是好看**，不过太贵了。

② 汉字**难是难**，但是很有意思。

③ 今天**热是热**，不过天气不错。

3. 纠正或反驳他人的观点时，形容词前可以用"是"，经常是"……不是＋形容词"和"……是＋形容词（短语）"对举。例如：

① 汉语**不是难，是容易**！

② 房子**不是贵，而是很贵**！

③ 这件衣服**不是漂亮，是难看**！

四、误把形容词单独做谓语

📄 **例句**

误：

① A：他的汉语怎么样？

　B：* 他的汉语**好**。

② A：明天天气怎么样？

　B：* 明天**热**。

③ A：她长得怎么样？

　B：* 她**漂亮**。

正：

④ A：他的汉语怎么样？

　B：他的汉语**比较好**。

⑤ A：明天天气怎么样？

　　B：明天**很热**。

⑥ A：她长得怎么样？

　　B：她**非常漂亮**。

☞ **分析**

　　汉语的性质形容词一般不能单独做谓语。例①的"好"、例②的"热"、例③的"漂亮"都单独做了谓语，因此句子都不成立，这些词前面应该加上适当的副词，像"比较"、"很"、"非常"等。

　　日本学生出现这样的错误，显然是受到了日语的影响。日语的形容词经常单独做谓语。"他的汉语比较好"、"明天很热"、"她非常漂亮"用日语表达分别如下：

　　（1）彼は中国語が上手です。

　　（2）あしたは熱いです。

　　（3）彼女はきれいです。

直译成汉语分别是"他的汉语好"、"明天热"、"她漂亮"。受此影响，他们常把汉语的形容词单独用作谓语。

📖 **链接：性质形容词单独做谓语情况**

　　1. 对比时，性质形容词可以单独做谓语。例如：

　　① 今天**热**，昨天**冷**。

　　② 弟弟**高**，哥哥**矮**。

　　③ 有人**高兴**，有人**愁**。

　　2. 正反问句的答句、是非问句和选择问句及其答句中，性质形容词可以单独做谓语。例如：

　　① A：这儿的东西**贵不贵**？

　　B：这儿的东西贵。

②A：你累吗？

　　B：我累。

③A：这件**好看**还是那件**好看**？

　　B：这件**好看**。

五、区别词误做谓语

📄 **例句**

　　误：

　　　　①＊那个电视**彩色**。

　　　　②＊我们班的学生都**男**。

　　正：

　　　　③那个电视**是彩色的**。

　　　　④我们班的学生都**是男的**。

☞ **分析**

　　汉语的区别词不能做谓语。例①的"彩色"、例②的"男"都是区别词，直接做了谓语，所以句子都不成立。"彩色"应改为"是彩色的"，"男"应改为"是男的"。

　　日本学生出现这种问题，显然是忽视了区别词和其他形容词的不同，把它们等同起来了。

📖 **链接：区别词的语法功能**

　　1.做定语。例如：

　　　　①我们学校**男**学生多。

② 现在早没有**黑白**电视机了。

③ 他爸爸是**高级**工程师。

2. "区别词＋的"做主语、宾语。例如：

① **彩色的**比**黑白的**好看。

② 这些商店大部分是**私人的**，**国营的**很少。

③ 这儿的风景都是**天然的**。

④ 电视我不喜欢**液晶的**。

六、"好（不）容易才"所在句子谓语错误

📃 **例句**

误：

① * 我好（不）容易才**买**一张票，不卖！

② * 我们好（不）容易才**来**中国。

正：

③ 我好（不）容易才**买到**一张票，不卖！

④ 我们好（不）容易才**来到**中国。

☞ **分析**

"好（不）容易才"所在句子的谓语必须含有"结果"的意思，例①的"买一张票"、例②的"来中国"都没有"结果"义，因此都是错误的。例①的"买一张票"应改为"买到一张票"，例②的"来中国"应改为"来到中国"。

日本学生出现这种问题，显然是不了解或忽视了"好（不）容易才"所在句子谓语的特点。

176

第三节　宾语常见错误

一、离合词误带宾语

📄 **例句**

误：

①＊昨天见面了**一个朋友**。

②＊明天我请客**你**。

正：

③昨天跟**一个朋友**见面了。

④明天我请**你**的客。

☞ **分析**

离合词第一个语素相当于动词，后面的语素相当于名词，即宾语，因此离合词不能再带宾语。例①的"见面"、例②的"请客"都是离合词，但都带了宾语，所以句子不成立。例①的宾语"一个朋友"应用"跟"引导，放在"见面"前面；例②的宾语"你"应放在"客"前做定语。

日本学生出现这种错误，是过度类推的结果。因为汉语的动词可以带宾语，离合词也是动词，所以他们误以为也可以带宾语。

📖 **链接：离合词的使用情况**

1."了"、"过"应放在第一个语素后面。例如：

①见面→见**了**（过）面

②跳舞→跳**了**（过）舞

③ 游泳→游了（过）泳

2. 补语放在第一个语素的后面。例如：

① 见面→见了**一次**面

② 吵架→吵**完**架

③ 说话→说了**一会儿**话

3. 后面不能带宾语或数量补语。下面的说法都是错误的：

① ＊明天我请客**你们**。

② ＊你开玩笑**老师**。

③ ＊我每天滑冰**一个小时**。

⭐ **注意**

　　离合词表示的动作行为所涉及的对象不能放在离合词后面做宾语，一般要用介词引导放在离合词前面，这样的离合词主要有"见面、吵架、打架、道歉、结婚、离婚、分手、聊天、谈话、散步、跳舞、游泳、滑冰、睡觉、担心、操心、开玩笑"等。例如：

① 今天你**跟他**见面了吗？

② 弟弟昨天**跟他**打了一架。

③ 他**和女朋友**分手了，你不知道吧。

　　也有一些离合词表示的动作行为所涉及的对象要做第一个语素后面的成分的定语，这样的离合词常见的有"请客、生气、帮忙、劳驾、开玩笑、革命"等。例如：

① 妈妈在生**弟弟的**气呢，你去劝劝吧。

② 这次你帮了**我的**忙，我要好好感谢你。

③ 劳**您**驾，请帮我把东西搬上去。

二、宾语类型错误

（一）定指名词（短语）误做宾语

📋 **例句**

误：

① ＊我告诉了他**这件事**，所以他知道。

② A：这本书很有意思，送给我，怎么样？

　　B：＊爸爸送我**这本书**，不能给你。

正：

③ 我把**这件事**告诉了他，所以他知道。

④ A：这本书很有意思，送给我，怎么样？

　　B：**这本书**爸爸送我的，不能给你。

☞ **分析**

汉语的宾语有非定指的倾向，即听话人不知道说话人所说的事物具体是什么。例①的宾语"这件事"、例②的宾语"这本书"都是定指的，即说话人和听话人都知道"这件事"、"这本书"具体指什么事、什么书，它们都做了宾语，因此句子不成立。例①应用"把"把"这件事"提前放在"告诉了他"前面，例②的"这本书"应放在句子前面做主语。

日本学生出现这种错误，是受到了日语的影响。日语中的定指名词（短语）可以做宾语。"我把这件事告诉了他"、"这本书爸爸送我的"用日语表达分别如下：

（1）私は彼にこの事件を教えました。

（2）父が私にこの本をくれました。

直译成汉语分别是"我告诉了他这件事"、"爸爸送我这本书"。受此影响，他们经常把汉语的定指名词（短语）用作动词的宾语。

（二）名词误做存现句的宾语

📋 **例句**

误：

① * 突然前面开过来**汽车**。

② * 上面掉下去**东西**。

正：

③ 突然前面开过来**一辆汽车**。

④ 上面掉下去**一个东西**。

☞ **分析**

表示"出现"的存现句，宾语多是数量名短语。例①的宾语"汽车"是名词，不符合表示"出现"的存现句对宾语的要求，应改为"一辆汽车"。

表示"消失"的存现句，宾语一般也为数量名短语。例②的宾语"东西"是名词，也不符合表示"消失"的存现句对宾语的要求，应改为"一个东西"等。

日本学生出现这种错误，大概是过度类推的结果。汉语的宾语可以是名词（短语）。例如：

（1）我们学习**汉语**。

（2）山本回**国**了。

（3）她喜欢**红色衣服**。

正因为如此，他们以为表示"出现"或"消失"的存现句的宾语也可以是名词（短语）。

📖 **链接：表示"出现"或"消失"的存现句的宾语**

1. 表示"出现"或"消失"的存现句，宾语一般为数量名短语。例如：

　　① 前面来了**一个人**，我们问问她吧。

　　② 他们班走了**一个学生**，现在只有十个人。

　　③ 昨天忘了锁门，家里丢了**一些东西**。

2. 有时宾语可以是名词（短语），但句末要有"了"。例如：

　　① 家里来**人了**，我不去上课了。

　　② 班里又出**问题了**，怎么搞的？

（三）名词误做直接宾语

📋 **例句**

误：

　　① ＊妈妈送那个穿红衣服的孩子**手表**。

　　② ＊老师给山本**书**。

正：

　　③ 妈妈送那个穿红衣服的孩子**一块手表**。

　　④ 老师给山本**一本书**。

☞ **分析**

汉语具有"给予"意义的动词，当间接宾语是名词（短语）（特别是名词短语比较长）时，直接宾语一般为数量（名），不能是名词（短语）。例①的"送"、例②的"给"都是"给予"类动词，间接宾语"那个穿红衣服的孩子"、"山本"分别是名词短语和名词，而且"那个穿红衣服的孩子"比较长，直接宾语"手表"、"书"也是名词，因此句子不成立。例①的"手表"应改为"一块手表"，例②的"书"应改为"一本书"等。

181

日本学生出现这种错误，是受到了日语的影响。日语的直接宾语可以是名词（短语）。"妈妈送那个穿红衣服的孩子一块手表"、"老师给山本一本书"用日语表达分别如下：

（1）お母さんはあの赤い着物を着ていた子供に腕時計をあげました。

（2）先生は山本に本をあげました。

直译成汉语分别是"妈妈送那个穿红衣服的孩子手表"、"老师给山本书"。受此影响，他们常把汉语的名词（短语）用作具有"给予"意义动词的直接宾语。

📖 **链接：直接宾语的类型**

1. "给、送、租、卖、借、还"等表示"给予"类的动词，间接宾语为名词（短语）时，直接宾语一般为数量（名）短语。例如：

①我认识他，我租过他家**一间房子**。

②昨天还了图书馆**一本书**，还有两本没还。

③今天比赛的票卖完了，我买多了，卖了小王**一张**。

但是，间接宾语为代词，在有上文提示或在对比的情况下，这些动词的直接宾语可以为名词（短语）。例如：

①我去买点吃的，给**我钱**。

②你送**他书**，我送**他手表**。

2. "告诉、求、通知、报告"等的直接宾语只能是数量名短语。例如：

①小刘告诉我**一件事**，你猜什么事？

②我求你**一件事**，你一定得帮我！

3. "教、称、叫"的直接宾语只能是名词（短语）。例如：

①刘老师教他们**口语**。

②我不知道他的名字，只知道大家都称他**李师傅**。

③ 他比你小，你叫他**小王**吧。

（四）"进行"的宾语错误

📃 **例句**

误：

① * 明天我们进行**讨论这个问题**。

② * 政府进行**研究邮政改革**。

正：

③ 明天我们**对这个问题**进行**讨论**。

④ 政府**对邮政改革**进行**研究**。

☞ **分析**

"进行"（这样的动词还有"加以、给予、予以"等）的宾语多为双音节动词（动词前面可以出现双音节形容词之类的定语），而且动词后面不能带宾语。例①、例②"进行"的宾语"讨论这个问题"、"研究邮政改革"中的"讨论"、"研究"都带了宾语，因此句子不成立，应把"这个问题"、"邮政改革"用介词"对"提到"进行"的前面。

日本学生出现这种错误，显然是忽视了"进行"所带宾语的特点，而把它当成了一般动词。

（五）"经过"的宾语错误

📃 **例句**

误：

① * 经过**讨论一个小时**，大家都同意了。

② * 经过**练习一个星期**，我终于会骑自行车了。

③ * 经过**学习半年**，我的汉语水平提高了很多。

正：

④ 经过**一个小时的讨论**，大家都同意了。

⑤ 经过**一个星期的练习**，我终于会骑自行车了。

⑥ 经过**半年的学习**，我的汉语水平提高了很多。

☞ **分析**

动词"经过"不能带"动词＋数量（名）"做宾语。例①、例②、例③"经过"都带了"动词＋数量（名）"宾语，所以句子不成立。例①的"讨论一个小时"应改为"一个小时的讨论"，例②的"练习一个星期"应改为"一个星期的练习"，例③的"学习半年"应改为"半年的学习"。

日本学生出现这种错误，显然是不了解或忽视了"经过"的使用特点，把"经过"当作一般动词看待了。

📖 **链接：动词"经过"的用法**

1."经过＋名词（短语）"。例如：

① 经过**这道手续**后，就可以入境了。

② 经过**半年的学习**，我们会说一些简单的句子了。

2."经过＋动词"，动词一般为双音节的。例如：

① 经过**研究**，学校同意录取他。

② 经过**调查**，终于搞清了事情的真相。

3."经过＋主谓短语"。例如：

① 经过**大家讨论**，最后决定去上海。

② 这件事一定要经过**领导批准**。

三、"动词＋数量补语"带宾语位置错误

📑 **例句**

误：

① ＊你看书一下。

②＊我们学过**汉语两年**。

正：

③ 你看**一下书**。

④ 我们学过**两年汉语**。

☞ **分析**

例①的宾语"书"是表示事物的名词，"一下"是动量补语，"书"放在"一下"前面，位置错误，应放在"一下"的后面。例②的宾语"汉语"也是表示事物的名词，"两年"是时量补语，"汉语"放在"两年"前面，位置也不对，应放在"两年"后面。

日本学生出现例①这种错误，是过度类推的结果。汉语中有的宾语可以放在动量补语前面，因此他们以为所有宾语都可以放在动量补语前面。

出现例②这种错误，大概是受到了英语的影响。英语表示时间的成分要放在宾语后面。"我们学过两年汉语"用英语表达如下：

We studied Chinese for two years.

直译成汉语是"我们学过汉语两年"。受此影响，他们常把汉语的宾语放在时量补语前面。

📖 **链接："动词＋数量补语"及带宾语的位置** [①]

1．"动词＋动量补语"及带宾语的位置。

（1）"动词＋动量补语"中的动词后面可以带"了"、"过"，但不能带"着"。例如：

① 他只朝我们看了**一眼**，什么也没说。

② 这部电影我看**过三遍**。

---

① 参见《实用现代汉语语法》（第 615—618 页，第 620—621 页）。

（2）"动词＋动量补语"可以用"没"否定，但必须出现对比项，并且被否定的"动词＋动量补语"中的"数量"必须大于对比项中的"数量"。例如：

　　① 我只看了一遍，**没看两遍**。

　　② 他只敲了两下，**没敲三下**。

假设句或疑问句也可以用"不"否定。例如：

　　① 你**不看一眼**，我就不走。

　　② 这么重要的考试，做完了**不检查一遍**？

　　③ 你**不敲一下门**就进去？太不礼貌吧？

（3）宾语为表示事物的名词（短语），一般位于动量补语后面。例如：

　　① 敲**一下门**！

　　② 你查**一下词典**。

（4）宾语为表示人、处所的名词（短语），可以位于动量补语前，也可以位于动量补语后。例如：

　　① 去的时候，叫**你弟弟一下**。

　　　去的时候，叫**一下你弟弟**。

　　② 你去**上海一趟**吧。

　　　你去**一趟上海**吧。

（5）宾语为代词，一般位于动量补语前面。例如：

　　① 他看了**我一眼**，没跟我说话。

　　② 告诉**她们一下**，明天不上课。

　　③ 老师找过**你们两次**了，可是你们都不在。

（6）量词为"拳、脚、把、巴掌、刀、枪"等，宾语也只能位于动量补语前面。例如：

① 他打**你一拳**，你也打**他一拳**。

② 刚才谁踢了**我一脚**，你看见了吗?

③ 你拉**妹妹一把**，她爬不上来。

2."动词＋时量补语"及带宾语的位置。

（1）"动词＋时量补语"中的动词后面可以带"了"和"过"，但不能带"着"。例如：

① 今天下**了**一天雨，我一直待在家里。

② 昨天开**了**一上午会，累坏了。

③ 我们只见**过**一次面，不熟。

（2）限制时量补语的副词一般在动词前，但有的也可以在时量补语前。例如：

① 我们**已经**学了半年了。

　我们学了**已经**半年了。

② 刘教授**整整**花了一年时间才完成这个项目。

　刘教授花了**整整**一年时间才完成这个项目。

（3）宾语为表示一般事物或抽象事物的名词时，一般位于时量补语后面，补语和宾语之间还可以用"的"。例如：

① 他们坐了八个小时**（的）火车**，太累了!

② 写这篇论文，我花了一个月**（的）时间**。

（4）宾语为指人的名词、代词，一般位于时量补语前面。例如：

① 大家等了**山本一个小时**，最后他也没来。

② 老师找**她一上午**了，她都不知道。

但是，补语为"一会儿"、"半天"，宾语可以在时量补语前，也可以在后。例如：

① 你等**一会儿我**!

你等**我**一会儿！

② 妈妈叫了**弟弟半天**，弟弟都没听见。

妈妈叫了**半天弟弟**，弟弟都没听见。

第四节　定语常见错误

一、定语带不带"的"错误

（一）漏用"的"

📄 **例句**

误：

①＊我也有**这样**词典。

②＊在日本，**那么漂亮**衣服很贵。

正：

③ 我也有**这样的**词典。

④ 在日本，**那么漂亮的**衣服很贵。

☞ **分析**

"这样"做定语，要带"的"。例①的"这样"没带"的"，句子不成立，应加上"的"。

"这么／那么＋形容词"做定语，也要带"的"。例②的"那么漂亮"没带"的"，所以不成立，也应加上"的"。

日本学生出现这种错误，是受到了日语的影响。"我也有这样的词典"、"在日本，那么漂亮的衣服很贵"用日语表达分别为：

（1）私はこんな辞書もあります。

（2）日本にはあんなに奇麗な着物の値段がとても高い。

直译成汉语分别是"我也有这样词典"、"在日本，那么漂亮衣服很贵"，也就是说日语中跟汉语的"这样"、"那么漂亮"相当的成分可以直接做定语。受此影响，他们把汉语的"这样"、"那么漂亮"也直接用作定语。

（二）误用"的"

📑 **例句**

误：

① * 我认识那个的人的朋友。

② * 这的事情不重要。

③ * 他想当棒球的选手。

正：

④ 我认识那个人的朋友。

⑤ 这事情不重要。

⑥ 他想当棒球选手。

☞ **分析**

"指示代词＋量词"做定语，不带"的"。例①的"那个"带"的"了，句子不成立，"的"应删去。

指示代词"这"、"那"做定语，不带"的"。例②的"这"带"的"了，句子也不成立，"的"也应删去。

表示职业类别的名词后面不带"的"。例③的"选手"是一种职业，"棒球选手"是"选手"的一种，但后面带"的"了，所以句子不成立，"的"也要删去。

日本学生出现例①、例②这种错误，是受到了日语的影响。日语的"この"、"あの"相当于汉语的"这"、"那"，"この"、

"あの"后面都有"の"，而"の"又相当于汉语的"的"，因此他们以为汉语的"这"、"那"做定语要带"的"。

出现例③这种错误，是类推泛化的结果。因为汉语的名词很多都可以带"的"做定语，因此他们以为表示职业类别的名词后也可以带"的"做定语。

📖 **链接：定语带"的"情况**

1. 名词。

（1）表示质料、功能、用途、产地以及职业类别等的名词做定语一般不带"的"。例如：

> 汉语老师（教汉语的老师，"教汉语"是职业）
>
> 玻璃杯子（"玻璃"是质料）　金华火腿（"金华"是产地）

（2）表示领属义的名词做定语要带"的"。例如：

> 李明的书　学校的桌子　老师的经验　弟弟的脾气

（3）单音节方位名词做定语不带"的"，双音节方位名词做定语要带"的"。例如：

> 上铺　下铺　里屋　外屋　左手　右手
>
> 前面的人　后面的位置　东边的楼　上面的书

2. 代词。

（1）人称代词做定语，中心语表示人的，一般不带"的"；中心语表示事物的，要带"的"。例如：

> 他爸爸　我弟弟　我们老师
>
> 他的东西→﹡他东西　我的书包→﹡我书包
>
> 我们的桌子→﹡我们桌子

（2）指示代词做定语不带"的"。例如：

> 这人　那班　这东西　那书包

（3）疑问代词做定语有的要带"的"，有的不能带"的"。一般情况下，"谁、怎么样"做定语要带"的"。例如：

谁的东西→ * **谁**东西　　　　**谁的**妈妈→ * **谁**妈妈

怎么样的人→ * **怎么样**人　　**怎么样的**环境→ * **怎么样**环境

但是如果中心语是"一＋量词＋名词"，"怎么样"做定语一般不带"的"。例如：

① 他是**怎么样**一个人，你不知道吗？

② 那是**怎么样**一所学校，大家都很清楚！

以上两句中的"怎么样"也可以换成"怎么"。例如：

① 他是**怎么**一个人，你不知道吗？

② 那是**怎么**一所学校，大家都很清楚！

"什么"做定语不带"的"。例如：

什么人→ * **什么的人**　**什么事情**→ * **什么的事情**

3. 形容词和形容词短语。

（1）单音节形容词做定语一般不带"的"。例如：

① 我知道，你是一个**好**人。

② **大**房间没有了，只剩下**小**房间了。

③ 妹妹喜欢吃**脆**苹果。

但是为了突出或强调，有时也可以带"的"。例如：

① 这间**大的**房间给我住吧！

② 妹妹喜欢吃**脆的**苹果。

（2）双音节形容词修饰单音节名词要带"的"。例如：

① 你找我，有什么**重要的**事吗？

② 他是一个**伟大的**人。

双音节形容词修饰双音节名词，可以带"的"，也可以不带。例如：

① 今天是儿童节，幼儿园有活动，孩子们都穿上了**漂亮的**衣服。

今天是儿童节，幼儿园有活动，孩子们都穿上了**漂亮**衣服。

② 结婚是人生中的**重要的**事情，要认真对待。

结婚是人生中的**重要**事情，要认真对待。

③ 这儿有点脏，我想换一个**干净的**房间。

这儿有点脏，我想换一个**干净**房间。

（3）形容词重叠式做定语要带"的"。例如：

① 那孩子**高高的**个子，**大大的**眼睛，挺好看的。

② 大家排着**整整齐齐的**队伍往前走。

4. 动词和动词短语。

动词和动词短语做定语一般要带"的"。例如：

① **买的**人不多，看的不少。

② 这是**妈妈织的**毛衣，我非常喜欢。

③ **下雨的**时候最好不要去爬山，很危险。

但有些双音节动词修饰双音节名词，在不会被误解为动宾关系时，动词后面一般不带"的"。例如：

① 你要注意**学习**方法。

② 家长教育孩子时，一定要注意**教育**方式。

5. 数词、数量短语。

百分数做定语一般带"的"。例如：

① 我们班**百分之五十的**学生都学过英语。

② 这次比赛只有**百分之八十的**获胜把握。

数量短语做定语一般不带"的"，带"的"表示描写。例如：

① 没有**一斤的**苹果，只有半斤的。（"一斤的苹果"意思为"一个苹果一斤重"）

② 妈妈买了一个八斤的大西瓜。（"八斤的大西瓜"意思为"一个西瓜八斤重"）

数量重叠式有两种情况，一AA式做定语可以不带"的"，一A一A式做定语要带"的"。例如：

① 路边是**一排排**高大的白杨树，非常漂亮。

② **一座座**青山，**一条条**河流，组成了一幅美丽的图画。

③ 办公室的桌子上摆着**一台一台的**新买的电脑。

④ 那个商店门口堆着**一堆一堆的**白菜，买的人很少。

量词重叠式做定语不带"的"。例如：

① **条条**大路通罗马。

② 他气得脸上**道道**青筋突起，太可怕了。

6. 主谓短语。

主谓短语做定语要带"的"。例如：

① 这是**爸爸送给我的**礼物。

② 坐车时不能随便吃**陌生人给的**东西。

7. 介词短语。

介词短语做定语要带"的"。例如：

① 我想谈谈**关于这件事的**一些看法，可以吗？

② 谢谢**对我的**鼓励。

二、误把动宾短语直接用作定语

📑 **例句**

误：

① *吃饭时候不能看电视。

　　② ***看比赛**机会不太多。

　　③ *我经常去那个**卖小笼包子**饭馆吃包子。

正：

　　④ **吃饭的**时候不能看电视。

　　⑤ **看比赛的**机会不太多。

　　⑥ 我经常去那个**卖小笼包子**的饭馆吃包子。

☞ **分析**

　　汉语的动词（短语）做名词（短语）的定语要带"的"。例①的"吃饭"、例②的"看比赛"、例③的"卖小笼包子"都是动词短语，但直接做了定语，句子都不成立，这些动词短语后面都应加上"的"。

　　日本学生出现这样的问题，是受到了日语的影响。日语的动词（短语）可以直接做定语。"吃饭的时候不能看电视"、"看比赛的机会不太多"、"我经常去那个卖小笼包子的饭馆吃包子"用日语表达分别如下：

　　（1）食べるとき、テレビを見ることはできません。

　　（2）試合を見る機会はあまり多くない。

　　（3）私はよくあの小籠饅頭を売っているレストランに饅頭を食べに行きます。

直译成汉语分别是"吃饭时候不能看电视"、"看比赛机会不太多"、"我经常去那个卖小笼包子饭馆吃包子"。受此影响，他们常把汉语的动词（短语）也直接用作定语。

📖 **链接：能够直接做定语的动词**

　　汉语有些动词属于兼类词，既可以做动词，也可以做名词，像"学习、练习、研究、锻炼、工作、休息、活动、教育、翻译、参考、惩罚、处分、创造、答复、打击、调查、发明、分析、纪念、奖励、教学、解释、反应、借鉴、考察、判决、评价、欺骗、实验、试验、宣传、演说、优待、援助、统计"等，这些词可以直接做一些双音节名词的定语。例如：

① 我去图书馆找**学习**资料。

② 做研究，**研究**方法很重要。

③ 你们的**反应**速度不够快。

④ **锻炼**计划做好了吗？

⑤ 这方面的**参考**资料国内很少，国外也不多。

三、误把"多"和"少"直接用作定语

📄 **例句**

误：

① *昨天我买了**多**东西。

② *他有**少**朋友。

③ *我们的汉语不太好，因为我们有**少**机会说汉语。

正：

④ 昨天我买了**很多**东西。

⑤ 他的朋友**很少**。/他有**很少**几个朋友。

⑥ 我们的汉语不太好，因为我们说汉语的机会**很少**。/我们的汉语不太好，因为我们**很少**有机会说汉语。

☞ **分析**

"多"是形容词，但不能单独做名词（短语）的定语。例①的"多"单独做了"东西"的定语，因此句子不成立，应改为"很多"。

"少"也不能单独做名词（短语）的定语，只能做"数量（名）"短语的定语。例②、例③的"少"单独做了"朋友"、"机会"的定语，所以句子也不成立。例②应改为"他的朋友很少"，或"少朋友"改为"很少几个朋友"；例③后一分句应改为"因为我们说汉语的机会很少"或"因为我们很少有机会说汉语"。

日本学生出现这种问题，也是受到了日语的影响。"多"和"少"日语分别为"多い"和"少ない"，但"多い"和"少ない"可以单独做定语。例如：

（1）多い学生は車があります。

（2）彼は私の少ない友達の１人です。

以上二例的"多い"（多）和"少ない"（少）分别做了"学生"和"友達"（朋友）的定语。正因为如此，他们以为汉语的"多"和"少"也可以单独做定语。

📖 **链接：形容词"多"、"少"做定语的情况**

1."多／少＋的＋数量（名）"。例如：

① **多的一箱**我要了。

② 我不喜欢吃巧克力，**少的一袋**给我，**多的一袋**给她吧。

2."很多＋名词"。例如：

① 现在，**很多学生**都有汽车。

② 爸爸去过**很多国家**。

但"很少"不能做名词的定语。下面的说法都不成立：

① ＊**很少人**去过那个地方。

② ＊我有**很少钱**。

3."很少＋数量（名）"。例如：

① 这本书只有**很少几个人**看过。

②上次活动，只来了**很少一点儿人**。

但"很多"不能做"数量（名）"短语的定语。下面的说法都不成立：

①＊**很多几个人**看过。

②＊他有**很多一些钱**。

4."不少＋名词"。例如：

①我们班，**不少人**都去过那个地方。

②咱们学校，**不少老师**我都认识。

但"不多"不能做名词的定语。下面的说法也都不成立：

①＊**不多人**去过那个地方。

②＊这个学校有**不多老师**。

四、误把有些"副词＋形容词"用作定语

📄 **例句**

误：

①＊泰山是一个**真美丽的**地方。

②＊北京大学是一个**真大的**大学。

正：

③泰山是一个**很美丽的**地方。

④北京大学是一个**很大的**大学。

☞ **分析**

汉语有些"副词＋形容词"不能做定语，这样的副词常见的有"必定、毕竟、并、不定、不妨、不料、不免、差点儿、凑巧、大约、到底、倒（是）、的确、反、反倒、反而、反正、果然、还、

还是、好容易、好在、何必、几乎、简直、竟、竟然、居然、究竟、决、可、恐怕、明明、难道、怕、偏、偏偏、颇、其实、恰好、恰恰、千万、说不定、似乎、索性、万万、万一、未必、未免、幸好、幸亏、也许、约、真、正巧、只得、只好、只是、至多、至于、终究、终于、总算、最好"等，都是语气副词。

例①的"真美丽"、例②的"真大"都做了定语，句子都不成立，应删去"真"，加上"很"等。

日本学生出现这种问题，是过度类推的结果。汉语的"副词＋形容词"大多可以带"的"做定语。正因为这样，他们以为"副词＋形容词"都可以做定语。

五、"别＋动词（短语）"误做定语

📑 **例句**

误：

① *那儿是**别抽烟**的地方。

② *这里没有**别看**的节目。

正：

③ 那儿是**不能抽烟**的地方。

④ 这里没有**不能看**的节目。

☞ **分析**

"别＋动词（短语）"只能做谓语，不能做定语。例①的"别抽烟"、例②的"别看"都做了定语，所以句子不成立，"别"应改为"不能"。

日本学生出现这种错误，是过度类推的结果。汉语的"否定副

198

词+动词（短语）"一般可以做定语。例如：

（1）**没看过的**电影不多。

（2）**不去的**学生很少。

（3）**未熟的**西瓜不能吃。

正因为如此，他们以为"别+动词（短语）"也可以做定语。

📖 **链接："别"的用法**

1. "别+动词（短语）/形容词（短语）"用于劝阻或禁止。例如：

① **别**吃了，我们走吧。

② 你**别**告诉他我去过那儿。

③ **别**客气！

④ **别**太紧张！

2. "别+（不）是……吧"表示猜测，常常是不希望发生的事情。例如：

① 他们**别不是**误了飞机吧。

② 她现在还没到，**别是**她妈妈不让她来吧。

③ 山本现在还没来，**别是**弄错时间了吧。

⭐ **注意**

"别+动词（短语）"只能做谓语，不能做定语、宾语、补语。

六、"形容词（短语）+名词"误做定语

📄 **例句**

误：

① *那是一本**很厚封面**的书。

② ***很好关系**的人之间不是这样。

199

正：

③ 那是一本**封面很厚**的书。

④ **关系很好**的人之间不是这样。

☞ **分析**

汉语倾向于用"名词＋形容词（短语）"做定语。例如：

（1）现在**个儿高**的孩子很多。

（2）**腰肥**的裤子穿着不好看。

（3）这个超市**价钱便宜**的东西不多。

（4）**天气冷**的时候最好多穿点儿衣服。

（5）**工作忙**的家长可以不来参加这次会议。

而不是相反，把"形容词（短语）＋名词"用作定语。下面的说法都不成立：

（1）＊现在**高个儿**的孩子很多。

（2）＊**肥腰**的裤子穿着不好看。

（3）＊这个超市**便宜价钱**的东西不多。

（4）＊**冷天气**的时候最好多穿点儿衣服。

（5）＊**忙工作**的家长可以不来参加这次会议。

例①的"很厚封面"、例②的"很好关系"都是"形容词（短语）＋名词"，但都做了定语，所以句子不成立，应分别改为"封面很厚"、"关系很好"。

日本学生出现以上错误，是受到了日语的影响。日语中"形容词＋名词"可以做定语。"封面很厚的书"、"关系很好的人"用日语表达分别如下：

（1）厚い表紙の本。

（2）いい関係の人びと。

直译成汉语分别是"很厚封面的书"、"很好关系的人"。受此影响，他们把汉语的"形容词（短语）+名词"也用作了定语。

七、"主语＋是＋名词（短语）"误做定语

📃 **例句**

误：

①* 她**是十六岁**的时候，在桌子上留下一张纸条，就离开了上海。

②* 我**是大学生**的时候，到中国修学旅行过。

正：

③ 她**十六岁**的时候，在桌子上留下一张纸条，就离开了上海。

④ 我**大学生**的时候，到中国修学旅行过。

☞ **分析**

汉语的"主语＋是＋名词（短语）"不能做定语。例①的"她是十六岁"、例②的"我是大学生"分别做了"时候"的定语，所以句子不成立，都应删去"是"。

日本学生出现这种错误，也是过度类推的结果。汉语的"主语＋谓语"一般可以带"的"做定语。例如：

（1）**你回家**的时候告诉我一声。

（2）这儿就是**我们练习太极拳**的地方。

（3）**你穿**的毛衣真漂亮！

正因为这样，他们以为"主语＋是＋名词（短语）"也可以带"的"做定语。

八、多项定语顺序错误

📑 例句

误：

①＊我买了一条**红漂亮**的裙子。

②＊教室都是**大明亮**的窗户。

正：

③我买了一条**漂亮的红**裙子。

④教室都是**明亮的大**窗户。

☞ 分析

汉语的单音节形容词做定语一般紧挨着名词。例①的"红"、例②的"大"都是单音节形容词，应该分别放在名词"裙子"、"窗户"前面。

日本学生出现这种错误，是受到了日语的影响。"漂亮的红裙子"、"明亮的大窗户"用日语表达分别如下：

（1）赤くて、きれいなスカート。

（2）大きくて、明るい窓口。

以上二例中的"赤い"（红）、"大きい"（大）分别放在了"きれい"（漂亮）、"明るい"（明亮）前面。受此影响，他们把汉语的"红"和"大"分别放在了"漂亮"和"明亮"前面。

📖 链接：多项定语的顺序

多项定语分为并列关系的多项定语和递加关系的多项定语，不同性质的多项定语，出现的顺序有所不同。

1. 并列关系的多项定语的顺序。

并列关系的多项定语是指几个定语不分主次，是平等的并列关系。例如：

① 在我国，**城市、农村的**生活条件有很大的差距。

② 现在**大米、玉米、小米的**价格差不多一样了。

例①的"城市"、"农村"是并列关系，它们一起做"生活条件"的定语；例②的"大米"、"玉米"、"小米"也是并列关系，它们一起做"价格"的定语。

（1）并列关系多项定语中的连词。

并列关系多项定语如果是名词（短语）或动词（短语），一般在最后两项之间用"和"、"或"、"以及"等连接，前几项之间用"、"隔开。例如：

① 期中考试**和**期末考试的成绩都很重要。

② 躺着**或**走路的时候最好不要看书。

③ 对日本人来说，发音、汉字**和**语法的难度不一样。

（2）并列关系多项定语的顺序。

并列关系多项定语的顺序常常受到逻辑等因素的制约，一般情况下，按照下列顺序排列：

A. 先尊后卑。

① 这次**校、系**领导都参加了运动会。

② **老师、学生的**意见都很重要。

③ **冠军、亚军的**奖金差别很大。

203

　　　④ **哥哥、弟弟**的岁数都不大。

　B. 先远后近。

　　　① 前面就是**一望无际、波涛汹涌**的大海。

　　　② 东边走过来一个**高大、英俊**的小伙子。

　C. 先外部后内部。

　　　① 她是个**美丽、善良**的姑娘。

　　　② 他住在一栋**高大、宽敞**的别墅里。

　D. 先主后次。

　　　① **学习和打工**的时间不能颠倒了。

　　　② 作为一个在职学习人员，要安排好**工作、学习**的时间。

　E. 以发生时间的先后为序。

　　　① 你**预习、复习**的时间太少。

　　　② **结过婚、离过婚**的人都可以报名参加。

（3）并列关系多项定语与"的"。

并列关系多项定语一般最后一项后面带"的"。例如：

　　　① **伟大而光荣的**祖国！

　　　② **快乐而又紧张的**大学学习生活就要结束了。

　　　③ 在中国留学的时候，得到了**老师、同学和邻居的**帮助。

但是有时候为了突出定语，每项后面也可以都带"的"。例如：

　　　① 为了健康，**爱吃的、不爱吃的**东西都得吃。

　　　② 中华民族是一个**勤劳的、勇敢的**民族。

2. 递加关系多项定语的顺序。①

递加关系多项定语是指各项定语之间没有直接的关系，它们依

---

　　① 参见《实用现代汉语语法》（增订本）第 488—494 页。

次修饰后面的成分。递加关系多项定语之间不能有停顿。例如：

① **那个穿毛衣的男孩子**叫什么名字？

② 我买了**一本汉日小词典**。

递加关系多项定语的顺序十分复杂，不过，也有一些规律，其规律大致如下：

［1］表示领属关系的名词（短语）或代词

［2］表示时间或处所的名词（短语）

［3］指示代词

［4］数量短语

［5］主谓短语、动词（短语）、介词短语

［6］形容词（短语）

［7］不带"的"的形容词和描写性名词

例如：

① **那两件**衣服我不要了。
　　［3］［4］

② 这就是**她家明年**的口粮。
　　　　　［1］　［2］

③ 现在是**一年中最热**的时候。
　　　　　［2］　［6］

④ 找**一个大家都没事**的周末聚一聚。
　　　［4］　　　　［5］

⑤ 那一筐小一点儿的国光苹果没卖出去。
　［3］［4］　［6］　　　［7］

值得注意的是，有时会出现多个不带"的"的形容词或描写性名词，它们的顺序大致为：

时间性的 ＋ 体积性的 ＋ 颜色性的 ＋ 形体性的 ＋ 质地性的 ＋ 中心语
　[1]　　　　　[2]　　　　　[3]　　　　　[4]　　　　　[5]

　　① 那家饭店换了**新玻璃**门。
　　　　　　　　　　[1][5]

　　② 你看，饼干中间有个**小圆**孔。
　　　　　　　　　　　[2][4]

　　③ 我家买了一台**银灰色液晶**电视机。
　　　　　　　　　　[3]　　[5]

第五节　状语常见错误

一、状语带不带"地"错误

（一）漏用"地"

🗒 **例句**

　　误：

　　　　① ＊ 大家**吃惊**看着她。

　　　　② ＊ 同学们**高兴**回来了。

　　正：

　　　　③ 大家**吃惊**地看着她。

　　　　④ 同学们**高兴**地回来了。

☞ **分析**

　　双音节形容词做状语，如果描写动作发出者，一般要带"地"。例①的"吃惊"、例②的"高兴"分别描写动作发出者"大家"和"同学们"，但没带"地"，因此句子不成立，"吃惊"、"高兴"

后面都应该加上"地"。

日本学生出现这种错误，是受到了日语的影响。例①的"吃惊"日语是"びくり"，"びくり"是个副词，可以直接做状语。受此影响，他们误把"吃惊"也直接用作状语。

"同学们高兴地回来了"用日语表达如下：

学生はうれしく帰りました。

其中的"うれしく"是"うれしい"（高兴）的连用形，即形容词做副词用。正因为这样，他们以为汉语的形容词也可以直接做状语。

📖 **链接：状语带"地"情况**

1. 形容词。

（1）单音节形容词做状语不能带"地"。例如：

① 有事**快**说！

② 您**慢**走！

③ 学汉语一定要**多**说、**多**看、**多**记！

（2）双音节形容词做状语一般要带"地"。例如：

① 他**高兴地**接受了我们的邀请。

② 我告诉她希望她做我的女朋友，她**愉快地**答应了。

③ 校长**热情地**接待了我们。

（3）形容词重叠式带不带"地"都可以。例如：

① 老人起床的时候，要**慢慢（地）**站起来。

② 孩子从床上掉下来，**重重（地）**摔在了地上。

③ 今天晚上没事，我想**痛痛快快（地）**游一次泳。

④ 不知不觉，一年就这么**紧紧张张（地）**过去了。

不过，带"地"后有突出或强调的意味。试比较：

207

① 妈妈把孩子**轻轻**放在床上。

② 妈妈把孩子**轻轻地**放在床上。

2. 副词。

（1）单音节副词做状语不能带"地"。例如：

① 你**再**说一遍。

② 妈妈下班**刚**回来。

③ 外边**在**下雪呢！别出去了！

（2）双音节副词绝大多数不能带"地"。例如：

① 这儿**曾经**发过一次洪水。

② 那件事**简直**把我气坏了。

③ 明天**也许**就好了。

（3）有些双音节副词带不带"地"都可以。例如：

① 上课的时候，他**偷偷（地）**出去了。

② 雨**渐渐（地）**小了。

③ 这种办法非常好，应该**大力（地）**提倡。

不过，这种副词不多，常用的有"常常、一再、再三、永远、稍微、十分、简直、偏偏、反复、多么、渐渐、逐渐、尽快、不断、更加、不住、大力、分别、胡乱、缓缓、极力、尽量、来回、连连、默默、悄悄、日益、随意、特意、偷偷、逐步、及早、偶尔、格外、极度、略微"等。

应该注意的是，带不带"地"意思略有不同，带"地"有突出副词的作用，不带"地"没有这种作用。试比较：

① 老师**一再**强调这个问题。

② 老师**一再地**强调这个问题。

3. 动词（短语）。

描写动作行为者的动词，一般要带"地"。

> 雨还在**不停地**下着。

描写谓语动词的，可以带"地"，也可以不带。例如：

> 你别在这儿**来回（地）**走好不好？

动词短语做状语，不管描写动作发出者还是描写动词的，一般要带"地"。例如：

> ① 他不愿意来，我们**连推带拉地**把他请来了。

> ② 他们**有条件地**同意了这个计划。

4. 数量（短语）。

数量短语做状语，不带"地"。例如：

> ① 弟弟**一口**就把一个饺子全吃了。

> ② 一紧张，**一下子**什么都记不起来了。

> ③ 警察发现小偷偷东西，**一把**就抓住了他。

数量重叠式做状语，可带"地"，也可以不带。例如：

> ① 路要**一步一步（地）**走，饭要一口一口（地）吃。

> ② 时间在**一天一天（地）**过去，不能再等了。

> ③ 那天雪很大，雪花**一团团（地）**往下落。

> ④ 服务员**一趟趟（地）**来回端茶、送水，很辛苦。

5. 象声词。

单音节象声词做状语要带"地"。例如：

> ① 孩子看见老虎，吓得**哇地**哭了起来。

> ② 大家正在看书呢，他突然**啪地**把灯关了，不知道为什么。

双音节、多音节象声词做状语可以带"地"，也可以不带。例如：

① 外边北风**呼呼**（地）刮着，非常冷。

② 老师讲完笑话，大家就**哈哈**（地）笑了起来。

③ 弟弟一边哭，一边**噼里啪啦**（地）把玩具往地上扔。

6. 介宾短语。

介宾短语做状语不能带"地"。例如：

① 抽烟**对身体**不好。

② 请大家**往里**走。

7. 固定短语。

固定短语做状语可以带"地"，也可以不带。例如：

① 这事都怪我，没细看合同，就**稀里糊涂**（地）签了字。

② 一到工地，大家就**马不停蹄**（地）干了起来。

（二）误用"地"

📄 **例句**

误：

① *梅雨的时候日本**经常地**下雨。

② *你**大概地**说一下。

正：

③ 梅雨的时候日本**经常**下雨。

④ 你**大概**说一下。

☞ **分析**

"经常"是时间副词，做状语一般不带"地"，例①的"地"应删去。

"大概"是语气副词，做状语不能带"地"，例②的"地"也应该删去。

日本学生出现这种错误，是过度类推的结果。副词做状语很多可以带"地"。例如：

（1）来中国后，我**更加地**努力了。

（2）这儿危险，请**尽快地**离开这个地方。

（3）公司的管理还有一些不足，要**逐步地**加以改进。

正因为如此，他们以为副词做状语都可以带"地"。

二、状语位置错误

（一）单项状语位置错误

📑 **例句**

误：

①＊如果天气不太好，**就**我不去长城。

②＊**终于**今天没有下雨。

正：

③如果天气不好，我**就**不去长城。

④今天**终于**没有下雨。

☞ **分析**

汉语的关联副词要放在主语后面。例①的"就"是关联副词，却放在了主语"我"前面，位置不对，"就"应放在"我"后面。

语气副词一般放在主语后面。例②的语气副词"终于"放在主语"今天"前面了，位置不对，"终于"应放在"今天"后面。

日本学生出现这种错误，是过度类推的结果，因为汉语的不少副词可以位于主语前。受此影响，他们以为副词都可以位于主语前面。

📖 **链接：单项状语的位置**

1.形容词（短语）。

形容词（短语）做状语位于主语后，谓语动词前。例如：

① 我们**快**走吧，要迟到了！

② 在中国，我**很少**看电视。

2. 副词。

（1）副词做状语多位于主语后，谓语动词前。例如：

① 我们**已经**学了三课了，你们**才**学了两课。

② 你**赶快**回去，你妈**到处**找你呢！

③ 这儿很危险，大家**马上**离开这里。

（2）有些副词做状语位于主语前、后都可以。例如：

① **的确**，我不知道他在哪儿。

我**的确**不知道他在哪儿。

② 出事那天**偏偏**李老师不在学校。

出事那天李老师**偏偏**不在学校。

③ 你不告诉我，**早晚**我会搞清楚的。

你不告诉我，我**早晚**会搞清楚的。

不过，位于主语前和主语后，句子的意思稍有差别。位于主语前有突出副词的作用，位于主语后没有这种作用。

能够位于主语前、后的副词不少，主要是语气副词和时间副词，常用的有"毕竟、差点儿、大约、到底、的确、反而、反正、果然、还是、好容易、好在、何必、或许、几乎、简直、竟然、究竟、就是、居然、恐怕、明明、难道、怕、偏、偏偏、其实、恰好、恰恰、恰巧、千万、甚至、生怕、势必、是否、说不定、似乎、索性、万一、未必、无非、幸亏、也许、一旦、正巧、只得、只好、只能、只是、只有、终究、总算、最好、不时、曾经、从小、顿时、刚刚、回头、立即、立刻、马上、偶尔、仍旧、随后、随即、先、向来、眼看、一度、一会儿、一向、已、已经、永远、有时、早晚、正在、总（是）"等。这些副词尽管可以位于主语前，但是仍以位于主语后、谓语动词前为常见。

（3）主语为疑问代词时，语气副词一般位于主语前面。例如：

　　① 你们俩**到底**谁说的是对的？

　　② **其实**谁都知道这是怎么回事。

　　③ 你一会说肚子不舒服，一会说心脏不舒服，**究竟**哪儿不舒服？

（4）"凡、凡是"只能位于主语前。例如：

　　① **凡**去过这个地方的就不要去了。

　　② **凡是**大学生都得参加英语四级考试。

（5）口语中，有些副词也可以出现在句末。例如：

　　① 去了三天了，**大概**。

　　② 外边下雨呢，**正在**！

　　③ 你的孩子八岁了，**已经**？

能出现在句末的副词常用的有"才、都、刚、还、就、也、又、再、在、正、毕竟、不妨、曾经、差点儿、重新、从来、凑巧、大约、到底、倒（是）、的确、反倒、反而、反正、赶紧、赶快、还是、好在、忽然、或许、几乎、简直、竟然、究竟、居然、恐怕、马上、难道、偶尔、恰好、其实、全都、稍微、顺便、似乎、索性、未免、向来、幸好、幸亏、也许、说不定、有（一）点儿"等。例如：

　　① 今天来了五个人，**才**。

　　② 八点了，**都**。

　　③ 不要跟他们生气，他们是孩子，**毕竟**！

　　④ 你早点回家吧，**还是**。

　　⑤ 明天有大雨，**说不定**。

副词出现在句末，主要是为了突出句子的前一部分，位于句末的副词起着补充的作用。

⭐ **注意** ─────────

关联副词"就"只能位于主语后面，语气副词"终于"一般位于主语后面。

3. 数量（短语）。

数量（短语）做状语一般位于主语后。例如：

① 来，这一杯咱们**一口**干了！

② 大家要**一本一本**地把书摆上书架，要摆整齐。

4. 动词（短语）。

动词（短语）做状语位于主语后。例如：

① 雪**不停**地下，风**使劲**地吼。

② 比赛下个月就开始了，我们要**有计划**地做好各种准备。

5. 象声词。

象声词做状语一般位于主语后。例如：

① 水龙头的水在**哗哗**地流着，去关一下。

② 谁在**砰砰**地砸门，你去看看！

6. 介宾短语。

（1）只能位于主语前的。

"关于、至于、当"等组成的介宾短语只能位于主语前，而且后面有"，"隔开。例如：

① **关于这个问题**，我们还得再讨论一次。

② **至于什么时候去**，老师没说。

③ **当我们离开的时候**，外边还在下着大雨。

（2）只能位于主语后的。

"把、被、叫、让、给、替、离、跟、同、和、朝、向、往"等组成的介宾短语只能位于主语后。例如：

①你们**把桌子**搬进来！

②衣服都**被雨**淋湿了，换下来吧。

③他的词典**叫人**拿走了。

④手机**让弟弟**摔坏了。

⑤我**给你**买了一件毛衣，你试试。

⑥刘老师今天有事，王老师**替他**上课。

（3）位于主语前、后都可以的。

"对、对于、为、为了、按照、依照、根据"等组成的介宾短语既可以位于主语前，也可以位于主语后。例如：

①你**对这件事**有什么看法？

对这件事你有什么看法？

②**为了你**，我不知挨了多少批评。

我**为了你**不知挨了多少批评。

③**根据规定**，你必须今年毕业。

你**根据规定**必须今年毕业。

7. 固定短语。

固定短语做状语一般位于主语后。例如：

①放学后，孩子们都**兴高采烈**地离开了学校。

②高考以后，大家都**坐卧不安**地等待着结果。

（二）多项状语顺序错误

📄 **例句**

误：

①＊你把这件事**别**忘了。

②＊衣服被雨**没**淋湿。

③＊我**关于这个问题**从来没有仔细想过。

正：

④ 你**别**把这件事忘了。

⑤ 衣服**没**被雨淋湿。

⑥ **关于这个问题**，我从来没有仔细想过。

☞ **分析**

"把"字句中否定副词要放在"把"字前面。例①的否定副词"别"放在了谓语动词前面，所以不正确，"别"应放在"把"字前面。

"被"字句中否定副词要放在"被"字前面。例②的"没"放在了谓语动词前面，因此不正确，"没"应放在"被"字前面。

"关于……"做状语要放在句子最前面，并且常常要用"，"隔开。例③的"关于这个问题"放在了主语"我"后面，所以是错误的，应把"关于这个问题"放在"我"前面，并且要用"，"与后面的部分隔开。

日本学生出现这种错误，显然是过度类推的结果。汉语的否定副词一般位于谓语动词前面，因此他们以为"把"字句、"被"字句中否定副词也应该位于谓语动词前面。

汉语的介宾短语大多数位于主语后面，所以他们以为"关于……"也应该位于主语后面。

📖 **链接：多项状语的顺序** ①

1. 并列关系多项状语的顺序。

并列关系多项状语是指多项状语不分主次，联合起来共同修饰

---

① 参见《实用现代汉语语法》（增订本）第 522—529 页。

或限制谓语动词。例如：

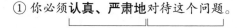

① 你必须**认真、严肃地**对待这个问题。

② 她**坚决、不失礼貌地**拒绝了他们。

并列关系多项状语之间一般用"、"隔开，状语后面如果用"地"，"地"多用在最后一项状语后面。例如：

① 你**心平气和、好好地**想一想，这么做对吗？

② 他**无条件、毫无保留、心甘情愿地**把成功的经验告诉了我们。

但是，如果突出多项状语，也可以每项后面都用"地"。例如：

他**无条件地、毫无保留地、心甘情愿地**把成功的经验告诉了我们。

并列关系多项状语的顺序相对自由一些。例如：

① 这么做**对自己、对别人**都有好处。

这么做**对别人、对自己**都有好处。

② 部长**耐心、诚恳地**听取了大家的意见。

部长**诚恳、耐心地**听取了大家的意见。

2. 递加关系多项状语的顺序。

递加关系多项状语是指多项状语依次修饰其后的谓语部分，这些状语也没有主次之分。例如：

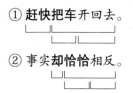

① **赶快把车**开回去。

② 事实**却恰恰**相反。

③ 你们俩**不一块**去吗?

④ 昨天宴会大家**都没**吃饱。

⑤ 同学们**全都没**想到考得这么好。

递加关系多项状语的顺序非常复杂，但是也有一定的规律，其规律大致如下：

[1] 表示语气、关联的

[2] 表示时间的

[3] 表示范围、否定的

[4] 描写动作行为者的

[5] 表示目的、依据、协同的

[6] 表示处所、起点、方向的

[7] 表示对象的

[8] 描写动作行为的

例如：

① 他们**竟然偷偷地**走了。
　　　[1]　　[8]

② 这事**似乎已经被人们**遗忘了。
　　　[1]　[2]　[7]

③ 她**果然也把我的衣服**洗了。
　　[1][1]　　[7]

④ 法院**已经依据法律严肃地**做了判决。
　　　[2]　　[5]　　[8]

⑤ 上课铃一响，同学们**就三五成群地往教室里**走。
　　　　　　　[1]　　[4]　　　　[6]

★ **注意**———

　　以上顺序只是一种倾向，不是绝对的，有时为了强调或突出某个状语，位置也可以发生变动，主要有以下几种情况：

　　（1）表示动作行为者所在处所的"在……"和动作行为起点的"从……"也可以放在描写动作行为者的状语的前面。例如：

　　　① 我**舒舒服服在家**睡了一觉。
　　　　　　[4]　　[6]

　　　　我**在家舒舒服服**睡了一觉。
　　　　　　[6]　　[4]

　　　② 老刘**不好意思地从屋里**走了出来。
　　　　　　[4]　　　　[6]

　　　　老刘**从屋里不好意思地**走了出来。
　　　　　　[6]　　　　[4]

　　（2）描写动作行为的状语也可以放在表示处所、起点、方向的状语的前面。例如：

　　　① 上课的时候他**从教室里偷偷地**溜出去了。
　　　　　　　　　[6]　　　[8]

　　　　上课的时候他**偷偷地从教室里**溜出去了。
　　　　　　　　　[8]　　　[6]

　　　② 大家**往前一点一点地**移动。
　　　　　　[6]　　　[8]

　　　　大家**一点一点地往前**移动。
　　　　　　[8]　　　[6]

　　（3）关联副词"也"可以位于表示对象的状语后。例如：

　　　她**也把我的衣服**洗了。
　　　　[1]　　[7]

　　　她**把我的衣服也**洗了。
　　　　[7]　　[1]

　　（4）描写动作行为的状语同时出现时，一般音节多的在前，但也有相反的情况。例如：

> ① 到了北京以后，就**马不停蹄地直**飞上海。
>
> ② 做完题一定要**一遍一遍地仔细**检查。
>
> 做完题一定要**仔细一遍一遍地**检查。
>
> （5）表示范围的状语也可以放在表示否定的状语后面，但意思不同。例如：
>
> ① 这道题大家**全不**会。
>
> 这道题大家**不全**会。
>
> ② 他们**都不**是外国人。
>
> 他们**不都**是外国人。
>
> 例①前一句是说"每个人都不会"，后一句是说"部分人会"；例②前一句是说"他们每个人都不是外国人"，后一句是说"他们中部分人是外国人"。

三、主谓谓语句中状语位置错误

📑 **例句**

误：

① *他**才**昨天到上海。

② *弟弟**刚**肚子好。

正：

③ 他昨天**才**到上海。

④ 弟弟肚子**刚**好。

☞ **分析**

时间副词一般位于小主语后面。例①的时间副词"才"、例②的"刚"分别放在小主语"昨天"和"肚子"前面了，所以句子不成立，应该分别放在"昨天"和"肚子"后面。

　　日本学生出现这种错误，是过度类推的结果。主谓谓语句中，副词状语有的可以放在小主语前面，正因为这样，他们以为副词状语都可以放在小主语前面。

📖 链接：副词做状语在主谓谓语句中的位置

　　1. 时间副词一般位于小主语后面。例如：

　　　　① 我们明天**就**出发。

　　　　② 你们现在**立刻**回去。

　　2. 语气副词可以位于大主语后，也可以位于小主语后。例如：

　　　　① 你明天**到底**去不去？

　　　　　你**到底**明天去不去？

　　　　② 烤鸭**难道**你没吃过？

　　　　　烤鸭你**难道**没吃过？

　　3. 关联副词可以位于大主语后，也可以位于小主语后。例如：

　　　　① 你身体不舒服，他**也**身体不舒服。

　　　　② 你身体不舒服，他身体**也**不舒服

　　小主语为周遍性主语"什么"、"谁"、"哪儿"等或"一＋量词＋名词"以及量词重叠式时，关联副词位于小主语前。例如：

　　　　① 不按我说的办，你**就**什么都得不到。

　　　　② 已经两个月了，他**却**一个工作也没找到。

　　　　③ 只要有钱，我**就**样样给你买。

　　小主语为施事时，关联副词位于小主语后。例如：

　　　　① 老师一讲，那个问题我们**就**明白了。

　　　　② 明天他**也**去。

　　4. 重复副词一般位于小主语后。例如：

　　　　① 你明天**再**来吧！

② 他昨天**又**迟到了。

③ 这个字你**再**重写一遍。

"常、常常、经常"有时既可以位于大主语后，也可以位于小主语后，但意思不同。例如：

① 爸爸**常**星期天加班。（意思为"爸爸经常星期天加班，其他时间不加班"）

爸爸星期天**常**加班。（意思为"爸爸经常星期天加班，很少休息"）

② 那个字**常常**弟弟写错。（意思为"那个字经常是弟弟写错，别人不写错"）

那个字弟弟**常常**写错。（意思为"弟弟写那个字经常出错"）

5. 情态副词位于小主语后。例如：

① 饭大家**慢慢**地吃，我先走了。

② 钥匙你**赶快**送回去吧。

③ 分班的事咱们**好好**商量商量。

6. 范围副词有的只能位于小主语后；有的可以位于大主语后，也可以位于大主语前；还有的位于大主语后、小主语后都可以。不过，位置不同，意思往往也有差别。例如：

① 这些天他**净**瞎忙活，也不知道忙活什么。

② 他**就**明天有时间，我们明天去吧。（"就"限定"明天"，意思相当于"他只有明天有时间"）

就他明天有时间，别人都没有时间。（"就"限定"他"，意思相当于"只有他明天有时间"）

③ 我们**都**明天去，只有他后天去。（含有"我们去的时间

是明天，不是后天"的意思）

　　我们明天**都**去，你跟我们去吗？（意思相当于"我们明天全部去"）

只能位于小主语后的主要是"净"。可以位于大主语后，也能位于大主语前的主要有"就、仅、仅仅"等；既能位于大主语后，也能位于小主语后的主要有"都、全都、全、只"等。

第六节　补语常见错误

一、漏用结果补语

📑 **例句**

　　误：

　　　　① * 书店没有这本书，所以我没**买**。

　　　　② * 在泰山上我们没**看**日出。

　　正：

　　　　③ 书店没有这本书，所以我没**买到** / **着**。

　　　　④ 在泰山上我们没**看到**日出。

☞ **分析**

　　例① 不是"没买"，而是"没买到 / 着"，"买"后面没有结果补语，应该加上"到"、"着"等结果补语。

　　例② 不是"没看"，是"看了"，但"没看到"，"看"后面缺少结果补语"到"。

日本学生出现此种错误，是受到了日语的影响。"书店没有这本书，所以我没买到"、"在泰山上我们没看到日出"用日语表达分别为：

　　（1）本屋にはこの本はないのて，私は買えませんでした。

　　（2）泰山で私たちは日の出を見ませんでした。

直译成汉语分别是"书店没有这本书，所以我没能买"、"在泰山上我们没能看日出"，"买"和"看"的后面都不带结果补语。正因为这样，该用结果补语他们常常没有使用。

二、"去"和"走"混用

📑 **例句**

　　误：

　　　　① * 这些东西别放在这儿，把它们拿**去**。

　　　　② * 孩子们向操场跑**走**了。

　　正：

　　　　③ 这些东西别放在这儿，把它们拿**走**。

　　　　④ 孩子们向操场跑**去**了。

☞ **分析**

　　"去"和"走"虽然都有"离开"的意思，但有一些差别。"去"放在动词后做趋向补语，表示人或事物离开说话人向某一目标移动，立足点是说话人；"走"放在动词后做结果补语，表示人或事物离开某处，但没有目标，立足点也不一定是说话人。例①的"去"应改为"走"，例②的"走"应改为"去"。

"走"和"去"意义相近，正因为如此，日本学生很容易把二者混用起来。

📖 **链接：做补语的"走"和"去"用法上的区别**

1."走"是结果补语，"去"是趋向补语。例如：

① 别把桌子放在这儿，搬**走**！

② 这本书我不要了，你拿**去**吧。

2."走"没有特定的方向，"去"有特定的方向，表示人或物体离开说话人向某一方向或地方移动。例如：

① 班车开**走**了吗？（班车往哪儿开不知道）

② 买到票以后我给你送**去**。（"票"离开说话人而到"你"手里）

③ 你们那边活多，再给你们派**去**一些人。（"一些人"离开说话人而到听话人那里）

3."动词＋走"不能与"向……"、"朝……"、"往……"等介词短语搭配。"动词＋去"则可以。例如：

① 火车**向上海**开去。

　 *火车**向上海**开走。

② 大雁**朝南方**飞去。

　 *大雁**朝南方**飞走。

4."去"可以做"脱、剥、削、切"等表示分离意义动词的补语，"走"不行。例如：

① 天太热，你脱**去**一件衣服。

　 *你脱**走**一件衣服。

② 把香蕉的皮剥**去**再吃。

　 *把香蕉的皮剥**走**再吃。

三、趋向补语使用中的错误

（一）漏用趋向补语

📄 **例句**

　　误：

　　　　① * 我们走进教室，孩子们就**安静**了。

　　　　② * 老师刚说完，我就**紧张**了。

　　正：

　　　　③ 我们走进教室，孩子们就**安静下来**了。

　　　　④ 老师刚说完，我就**紧张起来**了。

☞ **分析**

　　例①的"安静"、例②的"紧张"后面没有趋向补语，句子不成立，应分别在"安静"、"紧张"后面加上"下来"、"起来"。

　　日本学生出现这样的错误，是受到了日语的影响。"我们走进教室，孩子们就安静下来了"、"老师刚说完，我就紧张起来了"用日语表达分别如下：

　　　　（1）私たちは教室に入一て，子供たちは静かだ。

　　　　（2）先生が話し終わって，私は緊張しました。

直译成汉语分别是"我们走进教室，孩子们就安静了"、"老师刚说完，我就紧张了"。受此影响，该用趋向补语时他们经常不使用。

（二）误用简单趋向补语代替复合趋向补语

📄 **例句**

　　误：

　　　　① * 钱包从书包里掉**出**了。

②＊我们一步一步慢慢爬**上**了。

正：

③ 钱包从书包里掉**出来**了。

④ 我们一步一步慢慢爬**上去**了。

☞ **分析**

简单趋向补语和复合趋向补语意义虽然相近，但是用法上有一些差别。一般情况下，"主语＋动词＋简单趋向补语"不能单用（"来"、"去"除外），常常要有后续句子，或补语后带上宾语。"主语＋动词＋复合趋向补语"可以单用，不需要后续句子。例①的"钱包从书包里掉出"后面没有后续句子，也没有宾语，所以不成立，"出"应改为"出来"。

例②的"我们一步一步爬上了"后面没有宾语，也没有后续句子，也不成立，"上"应改为"上去"。

日本学生出现这种错误有两个原因。一是忽视了简单趋向补语和复合趋向补语意义上的差别，以为简单趋向补语和复合趋向补语意义大体相同，因此可以互换。二是受到了日语的影响。日语中缺乏复合趋向补语，因此他们常常用简单趋向补语代替复合趋向补语。

✪ **注意**

"动词＋简单趋向补语"做谓语要带宾语（"来"、"去"除外），不带宾语，句子就不成立：

①＊你伸出！— 你伸出手！

②＊请举起！— 请举起手！

③＊老师从外边**走进**了。— 老师从外边**走进**了教室。

（三）误用"下去"代替"下来"

📑 **例句**

误：

① *他平静**下去**，就告诉老人。

② *船停**下去**，就从刻记号的地方钻到水里找一找。

正：

③ 他平静**下来**，就告诉老人。

④ 船停**下来**，就从刻记号的地方钻到水里找一找。

☞ **分析**

"下来"可以表示"某种状态开始出现并继续发展"。例①的"平静"是一种状态，这种状态出现且将持续，但却使用了"下去"，因此句子不成立，应改为"下来"。

"下来"可以表示"完成"。例②的意思是"停"这一动作完成，但使用了"下去"，句子也不成立，也应改为"下来"。

日本学生出现这种错误，是因为"下来"、"下去"的引申意义很抽象，而且很复杂，他们常常搞不清楚，容易误用。

（四）误用"起来"代替"过来"

📑 **例句**

误：

① *我一听这话，就马上醒**起来**。

② *拿出来一张纸一看，就明白**起来**。

正：

③ 我一听这话，就马上醒**过来**。

④ 拿出来一张纸一看，就明白**过来**。

☞ **分析**

"起来"可以表示动作、状态开始并继续。例①、例②的"醒"、"明白"虽然都是一种状态，但这些状态是瞬时性的，不会开始并继续，但却使用了"起来"，因此句子不成立，应改为"过来"。

日本学生出现这种错误，是因为"起来"、"过来"的引申意义很抽象，而且很复杂，他们常常搞不清楚。

（五）"想起来"和"想出来"混用

📄 **例句**

误：

①﹡他**想出**过去的事情**来**。

②﹡我**想起来**一个好办法。

正：

③他**想起**过去的事情**来**。

④我**想出来**一个好办法。

☞ **分析**

"想出来"表示所想的事情是不存在、不知道的，通过想，才出现，才知道。例①的"过去的事情"已经存在，所以不能用"想出来"，"想出来"应改为"想起来"。

"想起来"表示所想的事情过去已经存在或知道。例②的"一个好办法"是不存在、不知道的，因此不能用"想起来"，"想起来"应改为"想出来"。

日本学生出现这种错误，是忽视了"想起来"和"想出来"意义上的差别。

（六）立足点错误

📄 **例句**

误：

① *咱们坐**下去**谈谈吧!

② *小孩用烤肉的木棍打蛇，他举起木棍打**下来**，木棍上的鸡肉飞了出去。

正：

③ 咱们坐**下来**谈谈吧!

④ 小孩用烤肉的木棍打蛇，他举起木棍打**下去**，木棍上的鸡肉飞了出去。

☞ **分析**

"来"的立足点就是动作行为的目标，表示动作行为朝着立足点移动；"去"的目标在立足点以外，表示动作行为离开立足点向另一目标移动。例①的"坐下去"立足点错误，一般情况下立足点就是坐的地方，应改为"坐下来"。

例②的立足点应该是说话人所在的地方，不可能是"蛇"所在的地方，"下来"应改为"下去"。

日本学生出现这种错误，与趋向补语的立足点比较复杂有很大的关系。"来"和"去"一般以说话人为立足点，但"来"表示向立足点移动，"去"表示离开立足点向另一目标移动。例如：

（1）老师向我走**来**。（立足点是说话人，动作行为朝着立足点移动）

（2）我们跳过**去**吧。（立足点是说话人，动作行为离开立足点向另一目标移动）

用第三人称进行客观叙述时，可以把立足点放在正在叙述的人物所在的位置上，也可以放在某一处所、时间上。例如：

（1）突然从窗户飞**进来**一只鸟，把他吓了一大跳。（立足点为"他"所在的位置）

（2）他冲进房间，把孩子抱了**出来**。（立足点为"他"原来所在的位置）

（3）时间在一分一秒地过**去**。（立足点为"现在"）

正因为这样，他们常常搞不清楚。

（七）"动词＋来／去"带宾语位置错误

📄 **例句**

误：

① *他们昨天才回来**北大**。

② *我们进去**教室**吧。

③ *服务员上去**楼**了。

正：

④ 他们昨天才回**北大**来。

⑤ 我们进**教室**去吧。

⑥ 服务员上**楼**去了。

☞ **分析**

宾语为表示处所的词语时，只能放在"动词＋来／去"中的"动词"和"来／去"之间。例①、例②、例③的宾语都是处所词，但却放在"来"、"去"的后面了，所以是错误的，这些宾语都应该放在"来"、"去"的前面。

日本学生出现这种错误，是过度类推的结果。数量（名）短语做"动词＋来／去"的宾语时，可以放在"动词＋来／去"的后面，受此影响，他们以为表示处所的词语也可以放在"动词＋来／去"

后面。

📖 **链接："动词＋简单趋向补语"带宾语的位置**

"动词＋简单趋向补语"带宾语有两个位置：

A. 动词＋简单趋向补语＋宾语

B. 动词＋宾语＋简单趋向补语

A、B中的宾语都有一定的条件，大致情况如下：

1. "动词＋简单趋向补语＋宾语"中的"宾语"。

补语为"来"、"去"，"宾语"一般为数量（名）短语。例如：

① 妈妈来北京，给我带来**几本书**。

② 你给弟弟寄去**一些钱**吧，他没钱了。

不过，一些抽象名词，像"希望、失望、实惠、效果、问候"等，也可以位于"来"、"去"的后面。例如：

① 经济发展给大家带来了**希望**。

② 公司改革后，没给职工带来**实惠**。

③ 我这次来，带来了**领导对大家的问候**。

补语为"来"、"去"以外的词语，"动词＋简单趋向补语＋宾语"中的"宾语"一般没有什么限制。例如：

① 我们从这儿爬上**山**，怎么样？

② 停车，有人跳下**车**了。

③ 请把书和本子都放进**书包里**，我们要开始考试。

④ 拿出**一张纸**，我们听写。

⑤ 你去挪开**那张桌子**！

2. "动词＋宾语＋简单趋向补语"中的"宾语"。

补语为"来"、"去"，"宾语"可以是处所词、一般名词，也可以是数量（名）短语。例如：

① 大家都回**房间**去！（"房间"为处所词）

② 厕所在楼上，上**楼**去。（"楼"为处所词）

③ 明天别忘了带**钱**来。（"钱"为一般名词）

④ 你去找**几个人**来，帮一下他！（"几个人"为数量名短语）

⑤ 你别自己喝呀！给你弟弟送**一瓶**去。（"一瓶"为数量短语）

（八）"动词＋复合趋向补语"带宾语位置错误

📋 **例句**

误：

① ＊有时候我也想起来**过去的大学生活**。

② ＊把球送回去**宿舍**。

③ ＊服务员跑上去**楼**了。

正：

④ 有时候我也想起**过去的大学生活**来。

⑤ 把球送回**宿舍**去。

⑥ 服务员跑上**楼**去了。

☞ **分析**

名词（短语）做宾语只能放在复合趋向补语"出来、出去、进来、进去、过来、过去、上来、上去、下来、下去、回来、回去、起来"等之间，不能放在它们后面。例①、例②、例③的宾语都是名词（短语），但放在了"起来、回去、上去"的后面，位置错误，这些宾语应该放在"起来、回去、上去"之间。

日本学生出现这种错误，同样是过度类推的结果。宾语为数量（名）短语时，可以位于"动词＋复合趋向补语"的后面，所以他们以为所有名词（短语）都可以放在"动词＋复合趋向补语"后面。

📖 **链接："动词＋复合趋向补语"带宾语的位置**

"动词＋复合趋向补语"带宾语主要有三种位置：

A. 动词＋复合趋向补语＋宾语。

B. 动词＋简单趋向补语＋宾语＋来／去

C. 把＋宾语＋动词＋复合趋向补语

A、B、C 三种格式中的宾语都有一定的条件，具体说来如下：

1. "动词＋复合趋向补语＋宾语"中的"宾语"。

"动词＋复合趋向补语＋宾语"中的"宾语"为数量（名）短语。例如：

① 我从中国带回来**一些特产**，给你一点吧。

② 减了一个月肥，才减下去**一公斤**。

③ 昨天爸爸帮我寄过来**一箱书**。

2. "动词＋简单趋向补语＋宾语＋来／去"中的"宾语"。

"动词＋简单趋向补语＋宾语＋来／去"中的"宾语"可以为数量（名）短语，也可以为处所词、一般名词。例如：

① 我看见从前面的车上掉下**一筐苹果**来。（"一筐苹果"是数量名短语）

② 一下课，孩子就都跑出**教室**去了。（"教室"是处所词）

③ 你看，熊猫爬上**树**去了，真厉害！（"树"是一般名词）

④ 上课了，大家抬起**头**来，看黑板。（"头"是一般名词）

3. "把＋宾语＋动词＋复合趋向补语"中的"宾语"。

"把＋宾语＋动词＋复合趋向补语"中的"宾语"一般是定指的，即是说话人和听话人都知道的。例如：

① 把**桌子**抬进来！（说话人和听话人都知道是哪张桌子）

② 你把**你弟弟**送回去！（说话人和听话人都知道"你弟弟"是谁）

③ 明天把**钱**寄过来！（说话人和听话人都知道是什么钱）

关于"把"字句，还有一些其他条件。参见第三章一（七）的"链接"（第 250—253 页）。

四、可能补语使用中的错误

（一）误用"不能 + 动词"代替"动词 + 不 + 补语"

📃 **例句**

误：

① * 宿舍的钥匙丢了，我**不能进去**。

② * 他写得很好，但是**不能说**。

正：

③ 宿舍的钥匙丢了，我**进不去**。

④ 他写得很好，但是**说不出来**。

☞ **分析**

"不能 + 动词"表示情理上不许可或禁止做某事，"动词 + 不 + 补语"表示客观条件不允许做某事，意思完全不同。例 ① 不是禁止进去，而是没有钥匙，"不能进去"应改为"进不去"。

例 ② 不是禁止说（汉语），而是没有能力说，"不能说"应改为"说不出来"。

日本学生出现这种错误，是受到了日语的影响。汉语的"不能 + 动词"和"动词 + 不 + 补语"日语都是"动词连体形 + ことができません"，而"动词连体形 + ことができません"直译成汉语是"不

能＋动词"（或"不会＋动词"）。受此影响，他们常用"不能＋动词"代替汉语的"动词＋不＋补语"。

（二）误用"不会＋动词"代替"动词＋不＋补语"

📋 **例句**

误：

① ＊我知道这个字的意思，可是**不会说**。

② A：你为什么不看电视?

　　B：＊电视节目太难，我**不会看**。

正：

③ 我知道这个字的意思，可是**说不出来**。

④ A：你为什么不看电视?

　　B：电视节目太难，我**看不了**。

☞ **分析**

"不会＋动词"表示没有能力做某事，"动词＋不＋补语"表示客观条件不允许做某事，二者意思不同。例①不是没有说的能力，而是由于（汉语）水平低，说不出来，"不会说"应改为"说不出来"。

例②不是没有看的能力，而是由于（汉语）水平低，听不懂，"不会看"应改为"看不了"。

日本学生出现这种错误，也是受到了日语的影响。汉语的"不会＋动词"和"动词＋不＋补语"日语都是"动词连体形＋ことができません"，"动词连体形＋ことができません"直译成汉语是"不会＋动词"（或"不能＋动词"）。正因为这样，他们常用"不会＋动词"代替"动词＋不＋补语"。

五、情态补语使用中的错误

（一）误用"动词＋宾语＋补语"代替"动词＋宾语＋动词＋得＋补语"

📃 **例句**

误：

① * 我**说汉语不好**。

② * 日本学生**写汉字很好**。

正：

③ 我**说汉语说得不好**。

④ 日本学生**写汉字写得很好**。

☞ **分析**

例①的"说汉语不好"、例②的"写汉字很好"分别表示"说汉语"、"写汉字"这两种动作行为"不好"、"很好"，而不是指"说汉语"、"写汉字"的结果"不好"、"很好"，要表示"说汉语"、"写汉字"的结果"不好"、"很好"，需要重复动词。例①的"说汉语不好"应改为"说汉语说得不好"，例②的"写汉字很好"应改为"写汉字写得很好"。

日本学生出现这种错误，是受到了日语的影响。"我说汉语说得不好"、"日本学生写汉字写得很好"用日语表达分别为：

（1）私は中国語を話すのが下手です。

（2）日本の学生は漢字を書くのが上手た。

直译成汉语分别是"我说汉语不好"、"日本学生写汉字很好"。受此影响，他们常用"动词＋宾语＋补语"代替"动词＋宾语＋动词＋得＋补语"。

（二）离合词后误带情态补语

📄 **例句**

误：

①＊他**跑步**得很慢。

②＊我**睡觉**得很晚。

正：

③他**跑**得很慢。

④我**睡**得很晚。

☞ **分析**

例①"跑步"、例②的"睡觉"都是动宾式离合词，"步"和"觉"相当于宾语，后面不能直接加上"得＋情态补语"，应分别删去"步"和"觉"。

日本学生出现这种错误，是受到了汉语的影响。因为汉语的行为动词后可以带情态补语，"跑步"和"睡觉"都是行为动词，所以他们就直接在这些动词后加上了"得＋情态补语"。

（三）"动词＋得＋情态补语"中"情态补语"错误

📄 **例句**

误：

①＊昨天他累得**不睡觉**。

②＊我紧张得**不说话**。

正：

③昨天他累得**睡不着觉**。

④我紧张得**说不出话**。

☞ **分析**

"动词＋得＋情态补语"中的"情态补语"一般不能是"不＋动词（短语）"。例①的情态补语"不睡觉"、例②的"不说话"都是"不＋动词（短语）"，所以句子不成立。例①的"不睡觉"应改为"睡不着觉"，例②的"不说话"应改为"说不出话"。

这种错误的出现，是过度类推的结果。汉语的情态补语可以是动词（短语），因此日本学生以为动词（短语）的否定形式也可以做情态补语。

📖 **链接："动词＋得＋情态补语"中"情态补语"的类型**

1. 情态补语为形容词（短语）。例如：

　① 你说得**对**！应该按照你说的做！

　② 昨天打得**不错**，今天打得**不好**。

　③ 黑板上的字我看得**很清楚**。

2. 情态补语为动词短语。例如：

　① 弟弟把妈妈气得**直哆嗦**。

　② 收到礼物后，孩子们高兴得**唱了起来**。

　③ 屋里热得**透不过气来**，出去走走吧。

　④ 我跑得**都出汗了**，休息会吧。

⭐ **注意**

"不／没（有）＋动词（短语）"一般不能做情态补语。

3. 情态补语为主谓短语。例如：

　① 我累得**腿都抬不起来了**，不跑了！

　② 姐姐气得**晚饭都没有吃**，你给她弄点水果吃。

　③ 怎么搞的？孩子哭得**眼睛都肿了**！

六、数量补语位置错误

📄 **例句**

误：

① *他给妈妈打了电话**三次**。

② *我睡觉了**八个小时**。

正：

③ 他给妈妈打了**三次**电话。

④ 我睡了**八个小时**觉。

☞ **分析**

例①的"三次"是动量补语，但放在宾语"电话"后面了，位置不对，"三次"应放在"电话"前面。

例②的"八个小时"是时量补语，却放在离合词"睡觉"的"觉"后面了，位置也不对，"八个小时"应放在"觉"前面。

日本学生出现这种错误，是受到了英语的影响。英语表示时间和动量的成分一般放在宾语后面。"他给妈妈打了三次电话"、"我睡了八个小时觉"用英语表达分别如下：

（1）He called his mum three times.

（2）I have slept for eight hours.

直译成汉语分别是"他给妈妈打了电话三次"、"我睡觉了八个小时"。正因为如此，他们常把数量补语放在宾语后面。

⭐ **注意**

数量补语只能放在离合词第一个语素的后面。例如：

（1）她太忙，这个星期我们只见过**两次**面。

（2）刚才散了**一会**步，不出去了。

参见本章第三节一的"链接"（第 177—178 页）。

第三章 句子常见错误

一、"把"字句使用中的错误

（一）"把"字句的谓语错误

1．"把"字句的谓语为光杆动词。

📑 **例句**

误：

①＊我们把汉字**复习**。

②＊你把空调**关**。

③＊老师把黑板**擦**。

正：

④我们把汉字**复习了** / **复习完了** / **复习好了**。

⑤你把空调**关了** / **关掉**。

⑥老师把黑板**擦了** / **擦干净了**。

☞ **分析**

"把"字句的谓语动词后面必须带上补语、宾语或"了"、"着"等。例①的谓语动词"复习"、例②的谓语动词"关"、例③的谓语动词"擦"都是光杆动词，没有带上补语等其他成分，所以句子都不成立。例①的"复习"后面应加上"了"、"完了"、"好了"

242

等；例②的"关"后面应加上"了"、"掉"等；例③的"擦"后面应加上"了"、"干净了"等。

日本学生出现这种错误，显然是忽视了"把"字句中谓语动词的特点。

2. 不及物动词误做"把"字句的谓语。

例句

误：

①* 老师把我们**笑**了。

②* 妈妈把弟弟**睡**了。

正：

③ 老师把我们**逗笑**了。

④ 妈妈把弟弟**哄睡**了。

☞ **分析**

"把"字句的谓语必须是及物动词，不能是不及物动词。例①的"笑"、例②的"睡"都是不及物动词，句子不成立。例①的"笑"应改为"逗笑"，例②的"睡"应改为"哄睡"。

日本学生出现这种错误，也是过度类推的结果。汉语的及物动词可以充当"把"字句的谓语，因此他们以为所有动词都可以充当"把"字句的谓语。

3. 带可能补语的述补短语误做"把"字句的谓语。

例句

误：

①* 我把衣服**洗得干净**。

②* 大家把汉语**学得好**。

正：

    ③ 我**能**把衣服**洗干净**。

    ④ 大家**能**把汉语**学好**。

☞ **分析**

"把"字句的谓语可以是述补短语，但不能是带可能补语的述补短语。例①的"洗得干净"、例②的"学得好"都是带可能补语的述补短语，所以句子不成立。"洗得干净"、"学得好"应分别改为"洗干净"、"学好"，并在"把"前加上"能"。

日本学生出现这种错误，也是过度类推的结果。汉语带结果补语、趋向补语、程度补语、情态补语的述补短语以及介宾短语做补语的述补短语都可以用作"把"字句的谓语，因此他们以为带可能补语的述补短语也可以做"把"字句的谓语。

（二）"把"的宾语错误

📄 **例句**

误：

    ① *你把**一本书**拿过来。

    ② *老师把**一支笔**给了我。

正：

    ③ 你拿过来**一本书**。

    ④ 老师给了我**一支笔**。

☞ **分析**

"把"的宾语一般是已知的，即必须是说话人和听话人都知道的事物。例①"把"的宾语"一本书"、例②"把"的宾语"一支笔"都不是已知的事物，不能做"把"的宾语，应删去"把"，"一本书"放在"拿过来"后面做宾语，"一支笔"放在"我"后面。

日本学生出现此种错误，同样是过度类推的结果。"把"的宾语可以是名词（短语）、代词、"的"字短语等，因此他们以为数量（名）短语也可以做"把"的宾语。

（三）"把"字句中否定副词位置错误

📖 **例句**

误：

①＊我把汉语**不**学好，就不回国。

②＊我把那个汉字**没**写错。

③＊你们把这件事**别**告诉她。

正：

④我**不**把汉语学好，就不回国。

⑤我**没**把那个汉字写错。

⑥你们**别**把这件事告诉她。

☞ **分析**

"把"字句的否定是在"把"前加上否定副词。例①的"不"、例②的"没"、例③的"别"都放在了谓语动词前面，因此句子不成立，这些否定副词都应该放在"把"字前面。

日本学生出现这种错误，同样是过度类推的结果。汉语的否定副词一般位于谓语动词前面，正因为如此，他们以为"把"字句中否定副词也位于谓语动词前面。

（四）"把"字句中状语位置错误

📖 **例句**

误：

①＊我明天把作业**一定**交给你。

②＊山本**都**把昨天的事说了。

正：

③ 我明天**一定**把作业交给你。

④ 山本把昨天的事**都**说了。

☞ **分析**

例①的"一定"是语气副词，应该放在"把"前面，但却放在谓语动词前面了，位置错误。例②的"都"总括的是"把"的宾语"昨天的事"，应该放在"昨天的事"后面，却放在"把"前面了，位置也错误。

日本学生出现这种错误，是因为"把"字句中有些状语可以放在谓语动词前面，有些状语可以放在"把"字前面，因此他们常常搞不清楚，该放在"把"字前面时却放在谓语动词前面了，该放在谓语动词前面时却放在"把"字前面了。

📖 **链接："把"字句中状语的位置**

1. 一般情况下状语位于"把"字前。例如：

① 你**赶快**把车开回去，爸爸要用。

② 我**好像**把钱还给他了。

③ 你**不要**把我看成一个有钱的人。

④ 老板**为我的事**把他开除了，我感到非常不安。

2. 表示方向、路径或描写动作行为的状语一般放在谓语动词前。例如：

① 你把车**往前**推一推！

② 把书**从窗户**扔下来吧。

③ 老师把开关——关上以后才离开教室。

④ 您把头**稍微**抬高一点。

（五）"把"字句中能愿动词位置错误

📄 **例句**

误：

①＊她把这杯啤酒**能**喝完。

②＊台风把汽车**可以**吹翻。

③＊明天把书**应该**还给图书馆。

正：

④她**能**把这杯啤酒喝完。

⑤台风**可以**把汽车吹翻。

⑥明天**应该**把书还给图书馆。

☞ **分析**

能愿动词要放在"把"前面，不能放在谓语动词前面。例①的"能"、例②的"可以"、例③的"应该"都放在了谓语动词前面，位置错误，这些能愿动词都应该放在"把"前面。

日本学生出现这类错误，也是过度类推的结果。汉语的能愿动词多放在谓语动词前面，所以他们以为"把"字句中能愿动词也应放在谓语动词前面。

（六）误用"把"字句

📄 **例句**

误：

①＊我**把**作业写在教室里。

②＊弟弟**把**妈妈的话不听。

正：

③我在教室里写作业。

④弟弟不听妈妈的话。

☞ **分析**

"把"字句表示处置，但并不是所有表示处置的情况都可以用"把"字句。例①处置的结果不是"作业"在教室里，因此不能用"把"字句，应改为"我在教室里写作业"。

例②的"不听"只是一种情况，并不包含"处置"的意思，因此也不能用"把"字句，应删去"把"，把"妈妈的话"放在"不听"的后面。

这种错误的出现，显然是过度类推的结果。"把"字句表示处置，因此日本学生以为凡是表示处置的都可以用"把"字句。

（七）漏用"把"字句

📄 **例句**

误：

① *老师放书在桌子上。

② *我们停自行车在车棚里。

③ *一般叫日本的墨"和墨"。

正：

④ 老师**把**书放在桌子上。

⑤ 我们**把**自行车停在车棚里。

⑥ 一般**把**日本的墨叫作"和墨"。

☞ **分析**

如果句子有主语，还有两个宾语，并且其中一个宾语为处所宾语，表示另一个宾语通过某种动作行为到达的处所，这种情况下常常用"把"字句。例①有主语"老师"和两个宾语"书"、"桌子上"，而且"桌子上"为处所宾语，表示"书"通过"放"到达的处所，应该用"把"字句。例②有主语"我们"，也有两个宾语

"自行车"和"车棚里",并且"车棚里"是处所宾语,表示"自行车"通过"停"到达的地方,也应该用"把"字句。

例③的动词"叫"虽然可以带双宾语,但直接宾语应该是人称代词或指人的名词,"日本的墨"不是指人的名词,所以句子不成立。"日本的墨"前面应该加上"把",把"叫"放在"和墨"前面,"叫"后面还应该加上"作"。

日本学生出现这种错误,是受到了日语的影响。"老师把书放在桌子上"、"我们把自行车停在车棚里"、"一般把日本的墨叫作'和墨'"用日语表达分别为:

（1）先生は机に本をおきました。

（2）私たちは停車場に自転車を停めました。

（3）一般的に言えば、日本の墨は和墨と言います。

直译成汉语分别是"老师放书在桌子上"、"我们停自行车在车棚里"、"一般叫日本的墨'和墨'"。正因为如此,他们才出现了以上错误。

📖 **链接:"把"字句**

"(主语)+把+宾语+动词+其他成分"这样的句子叫作"把"字句。例如:

① 他们**把**苹果都吃了,再买点吧。

② 上课了,大家**把**头抬起来!

③ 请**把**门关上!

1. "把"字句的构成成分。

（1）"把"的宾语。

"把"的宾语一般是名词（短语）,而且所指事物常常是已知的,即说话人和听话人都知道或了解的。例如:

　　①大家把**书**收起来，我们听写。

　　②你把**钱**还给我！

　　③把**手**举起来！

（2）"把"字句的谓语。

"把"字句的谓语必须是及物动词，而且前面必须出现状语，或者后面必须带上补语、宾语、动态助词，即不能只是一个光杆动词。例如：

　　①弟弟把牛奶都**喝了**，我喝什么？

　　②去的时候千万把相机**带着**！

　　③下雨了，快把窗户**关上**！

　　④请把醋**递给我**！

　　⑤请李老师把这儿的情况给大家**介绍介绍**。

⭐ **注意**

　　1. "把"字句中，动态助词"过"一般不能出现在动词后面，但是可以出现在动词短语后面。例如：

　　　　他工作非常认真，从来没把工资**发错过**。

　　2. 带可能补语的动词短语不能做"把"字句的谓语。下面的说法都是错误的：

　　　　①＊我们把汉语**学得好**。

　　　　②＊山本把这些啤酒**喝得完**。

　　2. "把"字句的使用条件。

（1）语义条件。

"把"字句一般是动作行为者对"把"的宾语所表示的事物施加一定的动作，使得该事物出现某种情况或结果。例如：

① 你把衣服晾出去吧!

② 妈妈把鱼收起来了,怕猫把鱼吃了。

③ 大家把开水都喝光了,再烧点水吧。

④ 教室里很热,你怎么把空调关上了?

⑤ 请大家把作业中的错别字改过来!

（2）语法条件①。

受句子结构的影响,必须用或一般用"把"字句的情况:

A. 句子的主语是动作行为发出者,整个句子表示通过某种动作行为使事物到达某个处所,而且该事物和所到达的处所都出现时,一般要把表示事物的名词放在"把"后做宾语。例如:

① 看完书后,大家把书放在书架上!

② 孩子把手伸出车窗外边去,很危险!

B. 句子的主语是动作行为发出者,谓语包含有"成"、"为"、"作"、"做"等,或为带"成"、"为"、"作"、"做"做补语的动词短语,如果有两个宾语,一般要用"把"字句。例如:

① 你们怎么把屋子弄成这样了?

② 父母把你培养为一个歌唱家,多么不容易啊!

③ 大家都把她叫作老板娘。

C. 句子的主语是动作行为发出者,谓语动词有宾语,而且还有表示宾语的情态的补语,一般也要用"把"字句。例如:

① 你把这件事看得太简单了!

② 大家不要把关系搞得太复杂!

③ 她把钱看得比什么都重要,你跟她谈朋友?

---

① 参见《实用现代汉语语法》(增订本),第 745—751 页。

D. 句子的主语是动作行为发出者，谓语动词带双宾语，直接宾语比较复杂或比较长时，一般用"把"提前。例如：

① 我跟她要照片，她把那张她小时候照的有些发黄的照片寄给了我。

② 你千万别把我们昨天在一起吃饭的事儿告诉爸爸！

二、"被"字句使用中的错误

（一）"被"字句的谓语错误

1. "被"字句的谓语为光杆动词。

📋 **例句**

误：

① *黑板被老师擦。

② *衣服被我洗。

③ *考试的事被大家忘。

正：

④ 黑板被老师擦了 / 擦干净了。

⑤ 衣服被我洗了 / 洗完了。

⑥ 考试的事被大家忘了。

分析

"被"字句的谓语动词必须带上补语、宾语或"了"等。例①的"擦"、例②的"洗"、例③的"忘"都是光杆动词，没有带上补语等其他成分，所以是错误的。例①的"擦"后面应该加上"了"或"干净了"等，例②的"洗"后面应该加上"了"或"完了"等，例③的"忘"后面应该加上"了"等。

日本学生出现这种错误，显然是忽视了"被"字句谓语的条件。

2.不及物动词、形容词误做"被"字句的谓语。

📄 **例句**

误：

① *我们被他**笑**了。

② *大家被老师**糊涂**了。

正：

③ 我们被他**逗笑**了。

④ 大家被老师**弄糊涂**了。

☞ **分析**

"被"字句的谓语必须是及物动词，不能是不及物动词和形容词。例①的谓语"笑"是不及物动词、例②的谓语"糊涂"是形容词，所以句子不成立。例①的"笑"前应加上"逗"等，例②的"糊涂"前应加上"弄"等。

日本学生出现这种错误，大概有两个原因。一是搞不清楚汉语的动词哪些是及物的，哪些是不及物的，因此该用及物动词时却用了不及物动词。二是过度类推。"被"字句表示受事受到某一动作行为的作用或影响，因此他们以为凡是受事受到某一动作作用或影响的情况都要用"被"字句。

3.带可能补语的述补短语误做"被"字句的谓语。

📄 **例句**

误：

① *这瓶啤酒被他**喝得完**。

② *自行车被警察**找得到**吗？

正：

③ 这瓶啤酒**能被**他**喝完**。

④ 自行车**能被**警察**找到**吗？

☞ **分析**

"被"字句的谓语可以是述补短语，但不能是带可能补语的述补短语。例①的"喝得完"、例②的"找得到"都是带可能补语的述补短语，句子不成立，"喝得完"、"找得到"应分别改为"喝完"、"找到"，并在"被"前加上"能"。

日本学生出现这种错误，也是过度类推的结果。汉语带结果补语、趋向补语、程度补语、情态补语的述补短语以及介宾短语做补语的述补短语都可以做"被"字句的谓语，所以他们以为带可能补语的述补短语也可以做"被"字句的谓语。

（二）"被"字句中否定副词位置错误

📄 **例句**

误：

① *我们的意见被学校**不**重视。

② *手机被弟弟**没**弄丢。

③ *把东西藏好，被弟弟**别**发现了！

正：

④ 我们的意见**不**被学校重视。

⑤ 手机**没**被弟弟弄丢。

⑥ 把东西藏好，**别**被弟弟发现了！

☞ **分析**

"被"字句的否定是在"被"前加上否定副词。例①的"不"、例②的"没"、例③的"别"都放在了谓语动词前面了，所以都不对，这些否定副词都应该放在"被"前面。

日本学生出现这种错误，同样是过度类推的结果。汉语的否定副词一般位于谓语动词前面，受此影响，他们常把否定副词放在"被"字句的谓语动词前面。

（三）"被"字句中状语位置错误

📑 **例句**

误：

①＊钱被小偷**好像**偷走了。

②＊那件事被大家**早**忘了。

正：

③钱**好像**被小偷偷走了／**好像**钱被小偷偷走了。

④那件事**早**被大家忘了。

☞ **分析**

语气副词表示的是句子的语气，一般放在主语后面，有些还可以放在主语前面。例①的"好像"是语气副词，但放在了谓语动词前面，所以句子不成立，"好像"应放在"被"前面或主语"钱"前面。

例②的"早"是形容词做状语，放在了谓语动词前面，句子也不成立，"早"应放在"被"前面。

日本学生出现这种错误，是因为"被"字句中有些状语要放在谓语动词前面，有些要放在"被"字前面，因此他们常常搞不清楚，该放在"被"字前面时却放在谓语动词前面了。

📖 **链接："被"字句中状语的位置**

1.一般情况下状语位于"被"字前。例如：

①啤酒已经被大家喝完了，再要几瓶。

②车大概被哥哥骑走了，不会丢的。

③你不要被那伙人吓住了！

④她究竟被谁打了？

2. 表示起点、方向或描写动作行为的状语一般放在谓语动词前。例如：

①他的钱包被小偷从书包里偷走了，不过里面没什么钱。

②桌子被人往前挪了，所以很挤。

③碗被我一一洗干净了，你收一下。

（四）"被"字句中能愿动词位置错误

📑 **例句**

误：

①＊书被山本可能拿走了。

②＊汽车被台风会吹翻。

正：

③书可能被山本拿走了。

④汽车会被台风吹翻。

☞ **分析**

"被"字句中能愿动词要放在"被"字前，不能放在谓语动词前。例①的能愿动词"可能"、例②的"会"都放在谓语动词前面了，位置错误，应放在"被"前面。

日本学生出现这种错误，也是过度类推的结果。汉语的能愿动词一般放在谓语动词前面，受此影响，他们以为"被"字句中能愿动词也应该放在谓语动词前面。

（五）"叫"和"让"后缺少宾语

📑 **例句**

误：

①＊门**让**锁上了。

②＊桌子**叫**搬走了？

正：

③门**让人**锁上了。

④桌子**叫谁**搬走了？

☞ **分析**

介词"叫"、"让"后面必须带宾语。例①的"让"、例②的"叫"后面没有宾语，所以句子不成立。例①应在"让"后面补上"人"等，例②应在"叫"后面补上"谁"等。

日本学生出现这种错误，是受到了"被"的影响。汉语的"被"、"叫"、"让"都可以表示被动，"被"后面可以不带宾语，因此他们以为"叫"、"让"后面也可以不带宾语。

（六）误用"被"字句

📑 **例句**

误：

①＊山本**被**老师表扬了半天。

②＊最近很多韩国的电视剧**被**播放了。

正：

③老师表扬了半天山本。

④最近播放了很多韩国的电视剧。

☞ **分析**

"被"字句多用来说明不愉快、受损害之类的事情。例①"表

257

扬"是好的事情，不能用"被"字句，应删去"被"，把"山本"放在"半天"后面。

例②的"播放"也是好的事情，也不能用"被"字句，应删去"被"，把"很多韩国的电视剧"放在"播放了"后面。

日本学生出现此种错误，同样是过度类推的结果。汉语"被"字句表示被动，因此他们以为凡是表示被动的情况都可以用"被"字句。

📖 **链接："被"字句**

"主语＋被＋（宾语）＋动词＋其他成分"和"主语＋叫／让＋宾语＋动词＋其他成分"这样的句子叫作"被"字句。例如：

① 书**被**弟弟弄丢了，我给你买一本吧。

② 自行车**被**爸爸骑走了。

③ 玻璃**叫**台风刮掉了，真危险。

④ 他**让**老师批评了一顿，所以有些不高兴。

1. "被"、"叫"、"让"的宾语。

"被"后可以有宾语，也可以没有；"叫"、"让"后面必须有宾语。"被"、"叫"、"让"的宾语一般是名词（短语），可以是已知的，也可以是未知的，这一点与"把"字句不同。例如：

① 那本书被**我**还了。（"我"是已知的）

② 衣服被**雨**淋湿了。（"雨"是已知的）

③ 苹果被**人**吃了。（"人"是未知的）

④ 雨伞叫**一个穿红衣服的人**拿走了。（"一个穿红衣服的人"是未知的）

⑤ 孩子让**人**骗了。（"人"是未知的）

2. "被"字句的谓语。

"被"字句的谓语必须是及物动词，而且动词后必须有补语、宾语、动态助词等，或者动词前必须有状语。例如：

　① 窗户被**关上了**，所以教室里很热。

　② 剩下的面被妈妈做成了**包子**，没扔。

　③ 冰箱里的牛奶被弟弟**喝了**，不是我喝的。

　④ 提案没被大会**全票通过**，真没想到！

✪ **注意**

1. "被"字句中，动态助词"了"、"过"可以出现在动词后面，但是"着"不行。例如：

　① 他被 / 叫 / 让别人骗**了**。

　② 他被 / 叫 / 让别人骗**过**。

2. 带可能补语的动词短语不能做"被"字句的谓语。下面的说法都是错误的：

　① ＊门被 / 叫 / 让我**关不上**。

　② ＊这些饺子被 / 叫 / 让我们**吃得完**。

三、"有"字比较句使用中的错误

（一）误用"有"字比较句

📖 **例句**

误：

　① ＊这个教室**有**那个教室**小**。

　② ＊这儿的东西**有**那儿的**便宜**。

正：

③ 这个教室**比**那个教室**小**。

④ 这儿的东西**比**那儿的**便宜**。

☞ **分析**

"有"可以用于比较，但是形容词一般是正向的，即是往大处、高处、长处、难处等方面说的。一般不能是负向的，即形容词不能是往小处、低处、短处、容易等方面说的。例①的"小"、例②的"便宜"都是负向形容词，不能用于"有"字比较句，"有"应改为"比"。

日本学生出现这种错误，显然是过度类推的结果。汉语的正向形容词，像"大、高、长、重"等，可以用于"有"字比较句，因此他们以为负向形容词也可以用于"有"字比较句。

（二）"有"字否定句中"这么"、"那么"混用

📑 **例句**

误：

① *（说话人在日本）东京的自行车没有北京的**这么**多。

② *（说话人在饭馆）北大的饺子**没有**这个饭馆的**那么**好吃。

正：

③ 东京的自行车没有北京的**那么**多。

④ 北大的饺子没有这个饭馆的**这么**好吃。

☞ **分析**

"有"字比较句否定时常在形容词前加上"这么"或"那么"，当说话人离比较基准（例①的"北京的"、例②的"这个饭馆的"）远时使用"那么"，离它们近时使用"这么"。日本学生常常忘记这个条件，该用"这么"时使用了"那么"，该用"那么"却使用了"这么"。

📖 链接："有"字比较句

1. "A 有 B+ 形容词"，多用于疑问句，其中的"形容词"一般为正向形容词。例如：

　　① 他的汉语**有我好**吗？

　　② 巧克力**有蛋糕贵**吗？

2. "A 有 B+ 这么 / 那么 + 形容词"。陈述句中，"形容词"一般是正向的；疑问句中，"形容词"一般是正向的，有时也可以是负向的。例如：

　　① 他**有你弟弟这么高**。

　　② 饺子**有包子那么好吃**吗？

　　③ 汉语**有你说的这么难 / 容易**吗？

3. "有"字比较句的否定，是在"有"的前面加上否定副词"没"。例如：

　　① 火车**没有飞机那么快**。

　　② 那儿的夏天**没有他说的那么热**。

　　③ 我们学校**没有你们学校大**。

4. "……+（没）有 + 这么 / 那么 + 形容词"，"形容词"可以是正向的，也可以是负向的。例如：

　　① 他有这么**好 / 坏**吗？

　　② 这件事情没有那么**容易 / 难**。

　　③ 高铁没有那么**慢 / 快**。

✪ 注意

　　"……+ 有 + 这么 / 那么 + 形容词"多用于疑问句，一般不用于肯定句。例如：

　　　① 他弟弟有这么**帅**吗？

② 这件事情有那么**难**吗？

③ 门票有那么**贵**吗？

四、"比"字句使用中的错误

（一）"比……"后面的成分错误

📄 **例句**

误：

① *弟弟比哥哥**很矮**。

② *汉语比英语**有点儿难**。

③ *今天比昨天**非常热**。

④ *她比我说得**很好**。

正：

⑤ 弟弟比哥哥**矮得多**。

⑥ 汉语比英语**难一点儿**。

⑦ 今天比昨天**热得多**。

⑧ 她比我说得**好多了**。

☞ **分析**

程度副词除了"更"、"更加"、"还"等少数几个外，绝大多数不能用在"比"字句的形容词谓语前面；谓语为"动词＋得＋形容词"的，"形容词"前面出现程度副词的情况也一样。一般情况下是在形容词后面加上程度补语或数量补语。例①"矮"前面用了程度副词"很"，句子不成立，"很"应删去，在"矮"后面加上"得多"等；例②"难"前面用了程度副词"有点儿"，句子也不成立，"有点儿"也应删去，在"难"后面加上"一点儿"等；例③"热"

262

前面用了"非常",句子同样不成立,"非常"应删去,在"热"后面加上"得多"等;例④"好"前面也用了"很",句子也不成立,"很"应删去,在"好"后面加上"多了"等。

日本学生出现这样的错误,是受到了日语的影响。日语"比"字句的形容词前面可以出现很多程度副词。例如:

（1）弟は兄より背がとても低い。

（2）中国語は英語よりちょっと難しい。

这两个句子直译成汉语分别是"弟弟比哥哥很矮"、"汉语比英语有点儿难"。受此影响,他们常在汉语"比"字句的形容词谓语前用上程度副词。

（二）"比"字句中否定副词位置错误

📄 **例句**

误:

① *北京的冬天比东京**不那么冷**。

② *汉语比英语**不难**。

③ *这儿的东西比那儿的**不便宜**。

正:

④ 北京的冬天**不比**东京冷。

⑤ 汉语**不比**英语难。

⑥ 这儿的东西**不比**那儿的便宜。

☞ **分析**

"比"字句中否定副词只能放在"比"前面,不能放在形容词谓语前面。例①、例②、例③的"不"放在形容词谓语前面了,句子不成立,"不"应放在"比"前面。

日本学生出现这样的错误,是受到了日语的影响。日语的

"比"字句，只能否定形容词谓语。例如：

（1）中国語は英語より難しくない。

（2）ここの品物はそこのより安くない。

这两个句子直译成汉语分别是"汉语比英语不难"、"这儿的东西比那儿的不便宜"。正因为如此，他们常把否定副词放在汉语"比"字句形容词谓语前面。

（三）误用"A+ 不 + 比 +B+ 形容词"句

📋 **例句**

误：

① A：你的汉语怎么样？

　B：*我的汉语**不比**你好。

② A：东京夏天怎么样？

　B：*东京**不比**北京热。

正：

③ A：你的汉语怎么样？

　B：我的汉语**没有**你好。

④ A：东京夏天怎么样？

　B：东京**没有**北京热。

☞ **分析**

"A+ 不 + 比 +B+ 形容词"并不是"A+ 比 +B+ 形容词"的否定形式，"A+ 比 +B+ 形容词"的否定是"A+ 没有 +B+ 形容词"。"A+ 不 + 比 +B+ 形容词"表示"A 和 B 差不多"，它往往是针对上文某种错误的比较结果来进行订正或辩驳。例①、例② 问的都是"怎么样"，并没有出现错误的比较结果，因此不能用"A+ 不 + 比 +B+ 形容词"。例① 的 B 应改为"我的汉语没有你好"，例② 的 B 应改为"东京没有北京热"。

日本学生出现这种错误，是过度类推的结果。汉语的否定句一般是直接在谓语前面加上否定副词，正因为如此，他们以为"A+比+B+形容词"的否定是"A+不+比+B+形容词"。

📖 **链接："A+不+比+B+形容词"句的使用情况**

"A+不+比+B+形容词"一般不用作始发句，常常用来对上文进行订正或辩驳。例如：

①　A：我觉得汉语比英语难。

　　B：我觉得汉语**不比**英语难。

②　A：小刘比小王漂亮。

　　B：是吗？我觉得小刘**不比**小王漂亮，她们俩差不多。

③　他的能力**不比**我强，为什么让他去，不让我去？

五、"连……都/也……"句使用错误

📄 **例句**

误：

①　*我**连钱都**没有，我不能去旅游。

②　*刚开始学汉语的时候，我**连汉语也**不会说。

正：

③　我**连**一分钱**都**没有，我不能去旅游。

④　刚开始学汉语的时候，我**连**一句话**也**不会说。

☞ **分析**

"连……都/也……"是一种强调句，"连"后面的成分是提到的一类事物或情况中最极端的一种，可以是最多的、最容易的、最

聪明的、最好的等，也可以是最少的、最难的、最笨的、最坏的等，通过强调极端情况，来说明一般情况更是如此，或突出、强调某种情况。

例①的"钱"是一种事物，不是极端情况。"钱"的最少数量是"一分"，"一分"是一种极端情况，因此"钱"应改为"一分钱"。

例②的"汉语"也是一种事物，也不是极端情况。"汉语"的交际单位是句子，交际时最少要说一句话，"一句话"是一种极端情况，因此"汉语"应改为"一句话"。

"连……都/也……"的使用条件很复杂，很难掌握，正因为如此，所以日本学生使用时经常出现错误。

📖 **链接："连……都/也……"的使用情况**

1."连+名词（短语）+都/也……"。例如：

① 这个道理连**孩子**都知道，你不知道？

② 今天非常忙，大家连**午饭**都没吃。

③ 爸爸出差一个星期了，连**电话**也不打。

④ 弟弟以前很听老师的话，可是现在连**老师的话**也不听了。

2."连+数量（名）+都/也……"。例如：

① 这个星期太忙了，他连**一天**都没休息。

② 妈妈连**一件像样的衣服**都没有，我今天一定给她买一件。

③ 弟弟不爱看电影，今年连**一次电影**也没看过。

3."连+动词+都/也……"。例如：

① 她从来不关心我，我的事她连**问**都不问。

② 看到那件衣服很漂亮，妹妹连**想**都没想就买了。

③ 弟弟拿起苹果，连**洗**都不洗就吃。

> ⭐ **注意**
>
> 　　"连＋动词＋都/也……"句子中，"都/也"后面的动词与"连"后面的动词相同，而且"都/也"后面的动词是否定形式。

六、"是……的"句使用中的错误

（一）"是……的"句中"的"的位置错误

📄 **例句**

　　误：

　　　　① *我是在王府井买衣服的。

　　　　② *大家是来学的汉语。

　　正：

　　　　③ 我是在王府井买的衣服。

　　　　④ 大家是来学汉语的。

☞ **分析**

　　"是……的"句所表示的动作行为是已经发生或完成的动作行为时，"是"经常出现在所要强调的成分前面，其作用是指明它后面的成分是全句表达的焦点，如"我是昨天回来的"。当"是"后面的动词性成分为动宾短语时，"的"一般放在名词（短语）宾语的前面。例①"是"后的动词性成分"买衣服"为动宾短语，"的"放在宾语"衣服"后面了，位置错误，应放在"衣服"前面。

　　"是……的"句中"是"后面的"动词＋宾语"如果表示目的，"的"应放在宾语后面。例②的"学汉语"表示目的，"的"放在宾语"汉语"前面了，位置错误，应放在"汉语"后面。

　　日本学生出现这种错误，是因为"是……的"句中的"的"有

267

时出现在宾语前，有时出现在宾语后，因此，他们常常搞不清楚
"的"的位置。

📖 **链接："是……的"中"的"的位置**

1. 一般情况下"的"位于宾语前。例如：

① 中午我们是吃**的**饺子，不是包子。

② 是昨天下**的**雨，不是前天。

③ 妈妈是在那个商场买**的**衣服，你记错了。

如果强调的是目的，"的"应放在宾语后。例如：

① 大家是来看熊猫**的**，不是来买东西**的**。

② 你是来干什么**的**？

2. 宾语为代词，"的"一般放在宾语后。例如：

① 爸爸是去年来看我**的**，你搞错了。

② 手表是哥哥送她**的**，不是她买的。

3. 动词带处所宾语和趋向补语，"的"要放在趋向补语后面。
例如：

① 晚上 11 点以后没有公共汽车了，我们是走回学校来**的**。

② 小桥太窄，过桥时非常害怕，她是爬过小桥去**的**。

4. 谓语动词为离合词，"的"一般多放在第一个语素后面。
例如：

① 昨天我们是在电影院门口见**的**面。

② 今天早上我是 5 点起**的**床，现在很困。

（二）"是……的"与"了"同现

📄 **例句**

误：

① *我是在学一食堂吃了早饭的。

②＊哥哥是去年结了婚的。

　正：

③我是在学一食堂吃早饭的。

④哥哥是去年结婚的。

☞　**分析**

"是……的"句表示动作行为已经发生或完成，因此谓语动词后不能使用"了"。例①的"吃"、例②的"结"后都用了"了"，所以是错误的，"了"应删去。

日本学生出现这种错误，是受到了日语的影响。"我是在学一食堂吃早饭的"、"哥哥是去年结婚的"用日语表达分别是：

（1）私は食堂で朝食を食べました。

（2）兄は去年結婚しました。

日语的谓语动词"食べました"和"結婚しました"都表示过去发生或完成，因此日本学生就在汉语的谓语动词后用上了"了"。

七、存在句使用中的错误

📄　**例句**

　误：

①＊我家有大阪。

②＊一本书在桌子上。

　正：

③我家在大阪。

④桌子上有一本书。

☞ **分析**

"有"和"在"都表示存在，但"有"的用法是"处所＋有＋事物"，而"在"的用法是"事物＋在＋处所"。例①应该改为"我家在大阪"，例②应改为"桌子上有一本书"。

日本学生出现这种错误，是受到了日语的影响，因为汉语的"在"和"有"日语中是"ある"、"いる"，他们很容易把它们等同起来。

八、"动不动"所在句色彩错误

📋 **例句**

误：

①＊老师**动不动**表扬她。

②＊中国朋友**动不动**帮助我。

正：

③老师**经常**表扬她。

④中国朋友**常常**帮助我。

☞ **分析**

"动不动"带有贬义色彩，要用于带有贬义的句子中。例①、例②的"动不动"都用在带有褒义色彩的句子中了，因此是错误的，"动不动"要改为"经常"、"常常"等。

日本学生出现这种错误，显然是忽略了"动不动"的使用特点。

九、"为了……"句位置错误

📋 **例句**

误：

　① * 我来中国为了学习汉语。

　② * 我们去旅游为了了解中国。

正：

　③ 我来中国是为了学习汉语。/ 为了学习汉语，我来中国。

　④ 我们去旅游是为了了解中国。/ 为了了解中国，我们去旅游。

☞ **分析**

"为了……"一般放在句子前面。有时为了强调，也可以放在后面，但是"为了……"前面应该加上"是"。例①、例②的"为了学习汉语"和"为了了解中国"前面都没有"是"，应该在"为了"前面加上"是"，或者把"为了学习汉语"和"为了了解中国"放在句子前面，并且后面用","分别与"我来中国"、"我们去旅游"隔开。

日本学生出现这种错误，大概是英语影响的结果。"我来中国是为了学习汉语"、"我们去旅游是为了了解中国"用英语表达分别为：

　（1）I came to China for learning Chinese.

　（2）We went to travel for knowing China.

直译成汉语分别是"我来中国为了学习汉语"、"我们去旅游为了了解中国"。受此影响，他们常把"为了……"放在后面。

第四章　篇章常见错误

一、主语该省略没有省略

📑 **例句**

误：

　　① *我喜欢旅游，**我**暑假的时候经常去南方旅游，旅游的时候**我**看到了很多在日本看不到的风景。

　　② *他到城里干什么？**他**到城里去做买卖。他卖油绳，自家的面粉，自家的油，自己动手做成的。

正：

　　③ **我**喜欢旅游，暑假的时候经常去南方旅游，旅游的时候看到了很多在日本看不到的风景。

　　④ **他**到城里干什么？到城里去做买卖。他卖油绳，自家的面粉，自家的油，自己动手做成的。

☞ **分析**

汉语同一个话题链内部，各分句之间倾向于用零形式连接，即后面各句的主语一般省略。

例①三个分句的话题都是"我"，后两个分句中的"我"都应该省略。

例②第一个分句和第二个分句的话题都是"他"，第二个分句中的"他"应该省略。

日本学生出现这种错误，大概是过于注意分句成分的齐全，而忽视了汉语的代词可以承前和蒙后省略的特点。

二、主语不该省略省略了

📋 **例句**

误：

①＊他工作很忙，一去工作就是一个星期不回家，所以我从学校回到家的时候，（　）也差不多不在家。

②＊信中妈妈说她身体不好，她想看晓华。晓华的心里很复杂，但是（　）决定去见妈妈。

正：

③他工作很忙，一去工作就是一个星期不回家，所以我从学校回到家的时候，（**他**）也差不多不在家。

④信中妈妈说她身体不好，她想看晓华。晓华的心里很复杂，但是（**她**）决定去见妈妈。

☞ **分析**

例①中有两个人物："他"和"我"。最后一个分句"也差不多不在家"没有主语，这样容易引起误解，该分句应该补上主语"他"。

例②的"决定去见妈妈"前面应该用上代词"她"，因为前一个分句的"晓华"是定语，不是主语，因此后一个分句的"她"不能承前省略。

日本学生出现此种错误，是过度类推的结果。汉语同一个话题链中，各分句倾向于用零形式连接，即主语经常省略，因此他们以为主语位置上的代词都可以省略。

三、定语位置上缺少代词

📑 **例句**

误：

① *有一个人，他看见**一匹**马，他给**一匹**马念经，但是**一匹**马没听。

② *我昨天买了两件衣服，**一件**是红色的，一件是黑色的，**一件**红色的是在王府井买的。

正：

③ 有一个人，他看见一匹马，他给**那匹**马念经，但是**那匹**马没听。

④ 我昨天买了两件衣服，**一件**是红色的，一件是黑色的，**那件**红色的是在王府井买的。

☞ **分析**

下文中如果保留上文中出现的数量短语，汉语一般趋向于使用"这/那+数量短语"（数词为"一"时，"一"一般省略）。例①的"一匹马"在"他看见一匹马"中已经出现过了，因此后面的"他给一匹马念经"和"但是一匹马没听"中的"一匹马"前面都应该加上指示代词"那"，并删去"一"。没有"那"，这两个分句和前面的分句联系不起来。

例②的"一件红色的"中的"一件"在前面的分句中出现过，因此"一件红色的"前面应加上"那"，并删去"一"。

日本学生出现这种错误，大概是不了解或疏忽了篇章衔接方面的要求。

四、误用名词代替代词

📋 **例句**

误：

① * **小明**是个胖子，当时除了我以外，其他同学很少跟他来往，因为**小明**很胖。

② * **山本**是我的好朋友，我们在中学就是好朋友，**山本**会说汉语。

正：

③ **小明**是个胖子，当时除了我以外，其他同学很少跟他来往，因为**他**很胖。

④ **山本**是我的好朋友，我们在中学就是好朋友，**他**会说汉语。

☞ **分析**

汉语有一种倾向：一个复句或句群中，某一个名词出现以后，后面就不大使用比它更复杂、更具体的形式。也就是说，某一个名词一旦在前面出现以后，后面的分句中一般多用代词等简单形式指称它。

例①的"小明"是名词，在第一个分句中就出现了，后面的分句中一般不再出现"小明"，该例的最后一个分句中却又出现了"小明"，显得重复，应把"小明"改为"他"。

例②的"山本"在第一个分句中就出现了，最后一个分句又出现，重复了，应把"山本"改为"他"。

日本学生出现这种错误，显然是不了解或忽略了篇章这方面的要求。

五、人称代词前缺少指称对象

📄 **例句**

误：

　　① *我们这次去农村实习，活动非常丰富。上午参观了幼儿园、敬老院，中午去农民家吃饭，跟农民一起聊天，下午去一个中学听课，**他们**的英语水平让我们非常吃惊。

　　② ***他们**在几年的生活和劳动中，小林喜欢晓华，他经常担心她。

正：

　　③ 我们这次去农村实习，活动非常丰富。上午参观了幼儿园、敬老院，中午去农民家吃饭，跟农民一起聊天，下午去一个中学听课，**学生们**的英语水平让我们非常吃惊。

　　④ 在几年的生活和劳动中，小林喜欢晓华，他经常担心她。

☞ **分析**

例① 最后一个分句的主语是"他们"，但前面的分句中没有出现被指称的对象，因此是错误的，"他们"应改为"学生们"。

例② 第一个分句中的"他们"前面没有出现被指称的对象，从后面的分句可以看出，"他们"是指"小林"和"晓华"，这样"他们"又显得多余，应该删去。

日本学生出现这种错误，大概是只注意了单句的正确，而忽略了篇章中的前后照应。

六、人称代词指称的对象不明确

📋 **例句**

误：

① *很多欧美留学生上课的时候积极发言，但是很多日本留学生担心出错不积极发言，**他们**的学习态度对我产生了很大的影响，所以我现在上课的时候尽量多发言。

② *自从妈妈定为叛徒以后，小林开始失去了最要好的同学和朋友，家也搬进了一间黑暗的小屋，她受到了从未有过的歧视和冷遇，所以，**她**心里更恨**她**，恨**她**历史上的软弱和可耻。

正：

③ 很多欧美留学生上课的时候积极发言，但是很多日本留学生担心出错不积极发言，**欧美留学生**的学习态度对我产生了很大的影响，所以我现在上课的时候尽量多发言。

④ 自从妈妈定为叛徒以后，小林开始失去了最要好的同学和朋友，家也搬进了一间黑暗的小屋，她受到了从未有过的歧视和冷遇，所以，**她**心里更恨**妈妈**，恨**她**历史上的软弱和可耻。

☞ **分析**

例①的"他们的学习态度"中的"他们"是指"欧美留学生"还是"日本留学生"不清楚，从最后一个分句判断，应该指"欧美留学生"，因此"他们"应改为"欧美留学生"。

例②的"她心里更恨她"中有两个"她"，分别指"小林"和"妈妈"，有些混乱，第二个"她"应改为"妈妈"。

日本学生出现此种错误，大概有两个原因。一是疏忽，二是过度类推。汉语的复句或句群中，某一个名词出现以后，后面的分句中一般用代词等简单形式指称它。正因为如此，他们常常把后面的分句中出现的与前面分句中相同的名词都用代词代替。

七、缺少照应词语

📄 **例句**

误：

①＊看电视的优点是有听不懂的地方也没问题，只要能看懂大部分就可以理解。这是（　）成为学习汉语的一种好方法（　）。

②＊我认为中国人很热情，（　）是因为我们外国人向中国人打听一些事情的时候，大部分中国人都会告诉我们。

正：

③看电视的优点是有听不懂的地方也没问题，只要能看懂大部分就可以理解。这是（**看电视**）成为学习汉语的一种好方法（**的原因**）。

④我认为中国人很热情，（**这**）是因为我们外国人向中国人打听一些事情的时候，大部分中国人都会告诉我们。

☞ **分析**

例①的"这"指的是"看电视的优点是有听不懂的地方也没问

题，只要看懂大部分的地方就可以理解"，"这"不可能"成为学习汉语的一种好方法"，只能是"成为学习汉语的一种好方法"的原因，因此"这是成为学习汉语的一种好方法"的后面应该加上"的原因"，这样才能与前面两个分句照应起来。另外，"成为"前面还应补上"看电视"。

汉语中用来指代前面的分句或用来归纳、总结前文的指示代词"这"一般不能省略。例②的"是因为……"的前面应该加上"这"，"这"指代的是"我认为中国人很热情"这个分句，没有"这"，后一个分句和前一个分句缺乏照应。

日本学生出现例①这种错误，是因为他们常常把注意力放在每个分句的正确与否上，而忽视了各分句之间语义上的联系，所以就会出现这种照应上的问题。

出现例②这种错误，是过度类推的结果。汉语的分句主语可以承前省略，因此他们以为前文中出现过的成分，后面的分句中都应该省略。该例中的"这"指的是"我认为中国人很热情"，"我认为中国人很热情"是第一个分句，已经出现了，所以后一个分句中"这"就省略了。

八、时间指称错误

📋 **例句**

误：

①＊他（白居易）斋戒是为了治病，所以**这时候**特意长时间保持斋戒。

②＊这就表示**这时候**他（白居易）自己感到应该抑制对"兼济"的欲念。

③＊据此可知，他（白居易）长庆初年斋戒过，但是**这时**斋戒还没有成为一种生活习惯。

正：

④他（白居易）斋戒是为了治病，所以**那时候**特意长时间保持斋戒。

⑤这就表示**那时候**他（白居易）自己感到应该抑制对"兼济"的欲念。

⑥据此可知，他（白居易）长庆初年斋戒过，但是**那时**斋戒还没有成为一种生活习惯。

☞ **分析**

在叙述过去某一时点或时段发生的事情时，一般用"那时候"或"那时"称代过去的某一时点或时段，因为从时间距离来说，过去某一时点或时段离我们比较远。例①叙述的是白居易斋戒的事情，白居易生活在唐代，离现在非常遥远，因此不能用"这时候"指代白居易斋戒的时间，"这时候"应改为"那时候"。

例②叙述的也是白居易的事情，指代这种事情发生的时间时，也不能用"这时候"，"这时候"也应改为"那时候"。

例③的"长庆初年"离现在同样十分遥远，不能用"这时"来指代，"这时"应改为"那时"。

日本学生出现这种错误，大概是不了解或忽略了汉语时间的称代特点。

九、处所指称错误

📄 例句

　　误：

　　　　①＊下星期我去长城，以前我也去过**这里**。

　　　　②＊在南极有日本昭和基地，日本考察队员在**这儿**考察。

　　正：

　　　　③下星期我去长城，以前我也去过**那里**。

　　　　④在南极有日本昭和基地，日本考察队员在**那儿**考察。

☞ 分析

　　例①的"长城"离说话人所在的地方很远，却用了近指"这里"，显然不正确，"这里"应改为"那里"；例②的"昭和基地"离说话人所在的地方同样很远，但用了近指"这儿"，也不正确，"这儿"应改为"那儿"。

　　日本学生出现这种错误，大概是不了解或忽略了汉语处所的称代特点。

十、连接成分使用错误

（一）误用连接成分

📄 例句

　　误：

　　　　①＊**首先**他不愿意，可是我跟他讨论了一会儿，他**终于**同意了。

　　② *不过，他总觉得比别人矮一头。他羡慕别人能说会道，自己老觉得没有什么可说。**然后**，他去百货公司，买到了一顶满意的帽子。

　　正：

　　③ 他**先**不愿意，可是我跟他讨论了一会儿，他**终于**同意了。/**开始**他不愿意，可是我跟他讨论了一会儿，他**终于**同意了。

　　④ 不过，他总觉得比别人矮一头。他羡慕别人能说会道，自己老觉得没有什么可说。**后来**，他去百货公司，买到了一顶满意的帽子。

☞ **分析**

　　连词"首先"不能单独使用，一般与"其次"、"最后"配合使用。例①只有"首先"，没有"其次"、"最后"，"首先"应改为"先"或"开始"。改为"先"后，由于"先"是副词，因此要放在主语"他"后面。

　　例②误用了"然后"，"然后"应改为"后来"。

　　"先"和"首先"意思相近，"然后"和"后来"意思也相近，正因为如此，日本学生常把它们混同起来，该用"先"时用了"首先"，该用"后来"却用了"然后"。

📖 **链接："首先"和"先"的区别**

　　首先

　　1.连词，一般与"其次"、"最后"配合使用，组成"首先，……；其次，……；最后，……"这样的说法。多用于书面语。例如：

　　① 我宣布一下今天的大会安排：**首先**，是校长讲话；**其次**，是学生代表发言；**最后**，是发毕业证书。

②考试的时候，**首先**，要仔细审题；**其次**，要注意做题的速度；**最后**，要注意检查。

2.副词，意思为最先、最早。例如：

这个想法是他**首先**提出来的，不是我。

先

副词，表示某一行为或事件发生在前。例如：

①我还有点事，你**先**走吧！

②今天**先**听写，然后再上课。

📖 **链接："然后"和"后来"的区别**

然后

"然后"，连词，表示一件事情之后接着发生另一件事情，多用于将来发生的情况。前一个分句中常常有"先"或"首先"，后一个分句中常常有"再"、"又"或"还"等。例如：

①大家**先**吃饭，**然后**再去上课。

②**先**复习十分钟，**然后**再考试。

③你**先**说，**然后**我再说。

后来

"后来"，名词，表示过去某一时间之后的时间，多用于过去发生的情况。

①去年春节她给我打过一次电话，**后来**我们就没有联系了。

②我学过几个月汉语，**后来**由于工作太忙，就停了。

③爸爸曾在北京工作过一年，**后来**由于工作需要又回了日本。

（二）混用连接成分

📄 **例句**

误：

***第一**，出台燃油税；**其次**，让公共交通更加便捷，让人

283

们使用公共交通设施；**然后**，找到石油能源的替代品。

正：

　　首先，出台燃油税；**其次**，让公共交通更加便捷，让人们使用公共交通设施；**最后**，找到石油能源的替代品。/**第一**，出台燃油税；**第二**，让公共交通更加便捷，让人们使用公共交通设施；**第三**，找到石油能源的替代品。

☞ **分析**

　　汉语的"第一"应该与"第二"、"第三"等配合使用，"其次"应该与"首先"、"再次"等配合使用，"然后"一般与"先"配合使用。上面的例句把"第一"和"其次"、"然后"混在一起使用了。要么"第一"改为"首先"，"然后"改为"最后"；要么"其次"改为"第二"，"然后"改为"第三"。

　　"第一，……；第二，……；第三，……；……"和"首先，……；其次，……；最后，……"都表示叙述的顺序，"其次"和"第二"都表示叙述的第二项，正因为如此，日本学生经常把它们混同起来。

📖 **链接："第一，……；第二，……；……"和"首先，……；其次，……；……"的用法**

　　1."第一"一般与"第二"、"第三"等搭配使用，构成"第一，……；第二，……；第三，……"这样的说法。例如：

　　　　① 今天我谈几点要求：**第一**，上课不能迟到；**第二**，一定要预习；**第三**，要复习；**第四**，要认真完成作业。

　　　　② 我找女朋友有两个条件：**第一**要漂亮，**第二**要善良。

　　2."其次"一般与"首先"、"最后"等搭配使用，构成"首先，……；其次，……；（再次，……；）最后，……"这样的说法。例如：

①今天我谈几点要求：**首先**，上课不能迟到；**其次**，一定要预习；**再次**，要复习；**最后**，要认真完成作业。

②我找女朋友有三个条件：**首先**要漂亮，**其次**要善良，**最后**要会做饭。

（三）漏用时间连接成分

📋 **例句**

误：

①＊我第一次听中国人说话的时候，我觉得中国人很恐怖。因为中国人的声音特别大，而且说得很快，听起来好像很生气。不过，我越来越喜欢中国人。我认识的中国人，他们的性格不一样，但是，我觉得他们的共同点是很热情。

②＊我从小就很喜欢听音乐和唱歌，高中的时候，我参加了合唱俱乐部。现在，感到有压力的时候，我就去卡拉 OK 大声唱歌，我就心情舒畅了。

正：

③我第一次听中国人说话的时候，我觉得中国人很恐怖。因为中国人的声音特别大，而且说得很快，听起来好像很生气。不过，**现在**我越来越喜欢中国人。我认识的中国人，他们的性格不一样，但是，我觉得他们的共同点是很热情。

④我从小就很喜欢听音乐和唱歌，高中的时候，我参加了合唱俱乐部。现在，感到有压力的时候，我就去卡拉 OK 大声唱歌，**唱完以后**，我就心情舒畅了。

☞ **分析**

例①的"我觉得中国人很恐怖"和"我越来越喜欢中国人"

显然是自相矛盾的。出现这种情况的原因是，句群中缺少时间连接成分。实际上"我觉得中国人很恐怖"是第一次听中国人说话时的印象，"我越来越喜欢中国人"应该是"现在"的情况，因此该分句前面应该加上时间连接词"现在"。这样处理以后，就不矛盾了。

例②的"我就心情舒畅了"发生的时间不清楚，应在前面加上"唱完以后"之类表示时间的成分。

日本学生出现此种错误，大概与他们片面追求单个分句语法上的正确而忽视了分句与分句之间的衔接有很大关系。

📖 **链接：篇章中的时间连接成分**

汉语篇章中的时间连接成分分为三种：先时性连接成分、同时性连接成分和后时性连接成分。

1. 先时性连接成分表示某一事件发生在另一事件的前面，这样的连接成分主要有"先、首先、以前、从前、原来、本来、过去、事先"等。例如：

①**以前**我不太喜欢学汉语，但是来中国以后，我越来越喜欢学习汉语了。

②我**原来**打算去上海，听说桂林也不错，所以就改变了主意，决定去桂林了。

③他结婚的事**事先**谁都不知道，昨天他给我们吃喜糖，我们才知道他已经结了婚。

2. 同时性连接成分表示两个或两个以上的事件发生在同一个时间。这样的连接成分主要有"同时、这时、那时、与此同时、另一方面、就在这个时候"等。例如：

①爸爸跟妈妈离婚以后，不仅要工作，**同时**还得照顾我和弟弟。

② **那时**如果有人能够帮助他一下，他也不至于变成这样。

3. 后时性连接成分表示某一事件发生在另一事件的后面。这样的连接成分主要有"后、以后、后来、此后、随后、随即、接着、接下来、从此以后、马上、立刻、立即、过了一会儿、不一会儿、一会儿以后"等。例如：

① 今天是你第一次迟到，可以原谅，**以后**不许再迟到了。

② 你们先走吧，我**随后**就到。

③ 飞机起飞以后，孩子就开始哭闹，但是**不一会儿**就睡着了。

十一、前后话题不连贯

📄 **例句**

误：

① *黄鹤楼非常有名。古时候到这儿来过许多诗人和文人。**有名的**是崔颢的《黄鹤楼》和李白的《黄鹤楼送孟浩然之广陵》。

② *晓华觉得自己不应该连累小林，所以**晓华和小林的关系**完全断绝了。

正：

③ 黄鹤楼非常有名。古时候到这儿来过许多诗人和文人，**他们写过很多关于黄鹤楼的诗文，有名的**是崔颢的《黄鹤楼》和李白的《黄鹤楼送孟浩然之广陵》。

④ 晓华觉得自己不应该连累小林，所以**她**和小林完全断绝了关系。

☞ **分析**

例① "古时候到这儿来过许多诗人和文人" 说的是 "诗人" 和 "文人"，但后一分句的 "有名的" 指的却是诗人的作品，前后话题不连贯，"有名的是……" 这一分句的前面应该加上 "他们写过很多关于黄鹤楼的诗文"，这样话题就连贯起来了。

例② 前一分句的话题是 "晓华"，但后一分句的话题却突然改变为 "晓华和小林的关系"，前后两个分句脱节了，后一分句应改为 "她和小林完全断绝了关系"，这样话题就一致了。

日本学生出现这种错误，大概与他们没有把前、后分句联系起来考虑，只是片面追求单个分句的正确有一定的关系。

附录　标点符号常见错误

一、乱用下脚点（.）

📑 **例句**

误：

①＊中国经济的发展带来负面影响．正面临第一次能源紧张．

②＊在中国，油价上涨的影响很深刻．所以应该用政策减少能源消耗．政府应当让公共交通更加便捷，从而吸引人们使用公共交通设施．

正：

③中国经济的发展带来负面影响，正面临第一次能源紧张。

④在中国，油价上涨的影响很深刻，所以应该用政策减少能源消耗，政府应当让公共交通更加便捷，从而吸引人们使用公共交通设施。

☞ **分析**

例①两个分句的后面都用了"．"，都是错误的，第一个分句后面的"．"应改为"，"，第二个分句后面的"．"应改为"。"。

例②三个分句的后面都用了"．"，也都是错误的。第一个、第二个分句后面的"．"应改为"，"，最后一个分句后面的"．"应改为"。"。

这种错误的出现，大概有两个原因：一是英语的影响。英语的"."相当于汉语的句号，受此影响，他们常常用"."代替汉语的句号；二是日本学生以为一句话完了，所以要用"."。

📖 **链接：下脚点（.）的使用情况**

汉语中，下脚点"."用于表示序次的数字或字母后面。例如：

今天我要讲三个问题：

1. 汉字的起源；

2. 汉字形体的变化；

3. 怎样学好汉字。

二、误用顿号（、）代替逗号（，）

📄 **例句**

误：

① 当然、陈奂生一再失败、不能飞跃。

② 不管怎样、他都要进城、在进城的路上他捡到五元钱。

正：

③ 当然，陈奂生一再失败，不能飞跃。

④ 不管怎样，他都要进城，在进城的路上他捡到五元钱。

☞ **分析**

"、"用于句子内部并列成分之间较短的停顿，不能用于分句之间的停顿。例①、例②各分句之间都用了"、"，因此不正确，应改为"，"。

这种错误的出现，是日语影响的结果。日语的"、"相当于汉语的"，"，用于各分句之间。受此影响，他们常用"、"代替"，"。

📖 **链接: "、" 的使用情况**

用于句中较短的并列词语之间的停顿。例如:

① 爸爸、妈妈、哥哥都会说汉语。

② 衣服、书包都洗了。

③ 我去过北京、上海、天津。

④ 鱼、肉的味道都不错。

三、误用句号(。)代替逗号(,)

📑 **例句**

误:

① *现在中国对进口石油的依赖程度很高。中国的石油消耗量在全球居第二位。所以油价上涨对中国影响很大。

② *中国目前遇到第一次能源紧张。这主要原因是汽车行业的消耗。

③ *以前他很老实。不善于讲话。他非常羡慕别人老有那么多有趣的事可讲。

正:

④ 现在中国对进口石油的依赖程度很高,中国的石油消耗量在全球居第二位,所以油价上涨对中国影响很大。

⑤ 中国目前遇到第一次能源紧张,这主要原因是汽车行业的消耗。

⑥ 以前他很老实,不善于讲话,他非常羡慕别人老有那么多有趣的事可讲。

☞ **分析**

例①的第一个分句、第二个分句后面都用了"。"，显然不正确，应改为"，"。例②第一个分句后面用了"。"，也不正确，也应改为"，"。例③第一个分句、第二个分句后面也都用了"。"，同样不正确，都应改为"，"。

日本学生出现这种错误，大概是以为一句话完了。像例①的"现在中国对进口石油的依赖程度很高"、"中国的石油消耗量在全球居第二位"，孤立地看都是陈述句，而且都表达一个完整的意思，都应该用句号。但是由于最后一个分句前面有"所以"，因此这两个句子就成了两个分句，所以后面应该用逗号。例②、例③误用句号代替逗号，情况与例①类似。

📖 **链接："。"的使用情况**

表示陈述句完了之后的停顿。例如：

① 昨天吃完饭以后我们就去看电影了。

② 天气冷，你多穿点衣服比较好。

③ 上次考试成绩不太好，这次考得不错。

四、误用"「 」"代替引号（" "）

📃 **例句**

误：

① *老师说：「这次没考好没关系，下次再努力！」

② *电视上说：「今年冬天是历史上最暖的一个冬天。」

正：

③ 老师说："这次没考好没关系，下次再努力！"

④ 电视上说："今年冬天是历史上最暖的一个冬天。"

☞ **分析**

直接引用别人说的话应该用双引号（" "）。例 ①、例 ② 的"「 」"都是错误的，应改为双引号（" "）。

日本学生出现这种错误，显然是受到了日语的影响。日语直接引用别人说的话用"「 」"，所以他们经常用"「 」"代替汉语的双引号（" "）。

📖 **链接：引号（" "）使用情况**

1. 表示文中直接引用的内容。例如：

　　① 爸爸说："不学好汉语，你不要回国！"

　　② 孟子说："三人行，必有我师焉！"

　　③ 俗话说："三个臭皮匠，顶一个诸葛亮。"

2. 表明反面、否定、讽刺的词语。例如：

　　① 我宁可不要这种"自由"！

　　② 这样的"朋友"还是少交点比较好。

3. 标明着重强调的对象。例如：

　　① 世界上怕就怕"认真"二字。

　　② "三人行必有我师"中的"行"是什么意思？

　　③ "冰棍儿"有的地方叫"棒冰"。

4. 标明象声词、简称以及表示节日、重大事件的数字。为了突出或强调，也可连同事件或节日一起标引。例如：

　　① "咚咚咚"，门外传来了急促的敲门声。

　　② "十一"我要去旅游。

　　③ "3·15"消费者权益日。

　　④ 你知道"七七事变"吗？

五、误用双引号（" "）

📑 **例句**

　　误：

　　　　① *中国目前遇到"第一次能源紧张"。

　　　　② *我吃过"饺子"、"烤鸭"。

　　正：

　　　　③ 中国目前遇到第一次能源紧张。

　　　　④ 我吃过饺子、烤鸭。

☞ **分析**

　　例①的"第一次能源紧张"、例②的"饺子"、"烤鸭"都误用了双引号，都应该删去。日本学生出现这种错误，大概跟不清楚双引号什么时候用有关系。

六、误用"『 』"代替书名号（《 》）

📑 **例句**

　　误：

　　　　① *『夏天的院子』是以小孩子为对象的。

　　　　② *『夜和雾』这本书的某些内容血腥味很浓。

　　正：

　　　　③《夏天的院子》是以小孩子为对象的。

　　　　④《夜和雾》这本书的某些内容血腥味很浓。

☞ **分析**

汉语的书名号是"《 》"。例①的"夏天的院子"、例②的"夜和雾"都是书名，但却用了"『 』"，显然是错误的，"『 』"应改为"《 》"。

日本学生出现这种错误，也是受到了日语的影响。日语的书名号是"『 』"，所以他们常常用"『 』"代替汉语的书名号。

七、漏用冒号（ ：）

📋 **例句**

误：

① * 他**说**"可以，我们明天一起去吧！"

② * 母亲在信上**写道**"我的冤案已经昭雪了。"

③ * 所以他**说**"你应该休息，给你一个房间。"

正：

④ 他**说**："可以，我们明天一起去吧！"

⑤ 母亲在信上**写道**："我的冤案已经昭雪了。"

⑥ 所以他**说**："你应该休息，给你一个房间。"

☞ **分析**

汉语直接引语前面的动词后面一定要用"："。例①的"说"、例②的"写道"、例③的"说"后面没有"："，因此是错误的，都应加上。

日本学生出现这种错误，同样是受到了日语的影响。日语直接引语前面的动词后面都不用"："，正因为如此，他们在使用汉语时常忘了在直接引语前面的动词后面用上冒号。

📖 **链接：冒号（：）的使用情况**

1. 用在书信、发言稿开头的称呼后面。例如：

女士们，先生们：

大家好！

2. 用在总括语后面，让读者注意下文将要分项来说。例如：

① 下面我要谈三点要求：一是要预习，二是要复习，三是要认真完成作业。

② 不抽烟有三点好处：健康、省钱、卫生。

3. 用在引语的前面，表示后面是引语。例如：

① 俗话说："跑了和尚，跑不了庙。"

② 他在信中写道："最近工作很忙，压力也很大。"

参考文献

陈　绂　2004　《浅析日本学生学习助动词的难点与误区》，载《第七届国际汉语教学讨论会论文选》，北京大学出版社。

程美珍　1997　《汉语病句辨析九百例》，华语教学出版社。

崔应贤等　2002　《现代汉语定语的语序认知研究》，中国社会科学出版社。

房玉清　2001　《实用汉语语法》（修订本），北京大学出版社。

高　霞　2016　《英、日学习者汉语结构助词"的"的习得及偏误分析》，《呼伦贝尔学院学报》第 2 期。

宫本幸子　1992　《日本人学习"还"、"再"、"又"》，载《第四届国际汉语教学讨论会论文选》，北京大学出版社。

宫本幸子　2000　《日本学生学习汉语常见的表达错误》，《汉语学习》第 4 期。

黄　立　2004　《日本留学生汉语转折复句的习得研究》，载《第七届国际汉语教学讨论会论文选》，北京大学出版社。

黄伯荣、廖序东　1985　《现代汉语》，甘肃人民出版社。

金裕雪　1984　《"やる・くれる・もろろ"与汉语"给"字的语法对比》，《延边大学学报（社会科学版）》第 2 期。

来思平、相原茂、喜多幸子　1993　《日本人的中国語誤用例 54 例》，東方书店。

雷素娟　1989　《日本学生学习汉语常易出现的错误》，《外语学刊》第 4 期。

李德津、程美珍　1988　《外国人实用汉语语法》，华语教学出版社。

李晓琪　2005　《现代汉语虚词讲义》，北京大学出版社。

刘月华、潘文娱、故　铧　2004　《实用现代汉语语法》（增订本），商务印书馆。

陆俭明　1993　《现代汉语句法论》，商务印书馆。

陆俭明、马　真　1985　《现代汉语虚词散论》，北京大学出版社。

吕滇雯　2000　《日本留学生汉语偏误分析之（一）：动词重叠》，《汉语学习》第 5 期。

吕叔湘　1991　《现代汉语八百词》，商务印书馆。

彭小川、李守纪、王　红　2004　《对外汉语教学语法释疑 201 例》，商务印书馆。

平井章子　2012　《日本学生习得汉语离合词情况考察》，复旦大学硕士学位论文。

齐藤奈绪子　2015　《日语母语者方向介词"向、朝、往"习得研究》，上海交通大学硕士学位论文。

钱乃荣　1995　《汉语语言学》，北京语言学院出版社。

秦礼君　1987　《汉日主语病句》，《日语学习与研究》第 3 期。

唐翠菊　2008　《量词的习得情况》，载赵金铭等著《基于中介语语料库的汉语句法研究》，北京大学出版社。

汪灵灵　2005　《日本学生学习汉语介词"对"、"给"的偏误》，《零陵学院学报》第 1 期。

王振来、盖　君、文　丽　2012　《日本留学生学习以介词"在"为标记句式的偏误分析》，《沈阳师范大学学报（社会科学版）》第 3 期。

王振宇　2015　《日本学生"存在句"的习得调查和教材编写策略》，载赵成平、郑通涛主编《变革中的国际汉语教育——第四届汉语国别化教材国际研讨会论文集》，重庆大学出版社。

吴剑锋、齐藤奈绪子　2016　《日语母语者习得汉语方向介词"向、朝、往"的偏误调查和分析》，《常熟理工学院学报（哲学社会科学版）》第 3 期。

吴丽君等　2002　《日本学生汉语习得偏误研究》，中国社会科学出版社。

相原茂、木村英树、杉村博文、中川正之　1991　《中国語学習 Q&A101》，大修館書店。

荀春生　1988　《关于"了"和日语"タ"形的非等值性》，载《第二届国际汉语教学讨论会论文选》，北京语言学院出版社。

杨从洁　1988　《不定量词"点"以及"一点"、"有点"的用法》,《语言
　　　教学与研究》第 3 期。

杨德峰　2010　《日语母语学习者的汉语复合趋向补语引申义的习得情况分
　　　析——基于中介语语料库的研究》,载《第九届国际汉语教学研讨
　　　会论文选》,高等教育出版社。

叶盼云、吴中伟　1999　《外国人学汉语难点释疑》,北京语言大学出版社。

舆水优　1995　《日本学生学汉语语法》,载《第四届国际汉语教学讨论会
　　　论文选》,北京语言学院出版社。

舆水优　1997　《日本学生学汉语——兼谈谓词性主语》,载《第五届国际
　　　汉语教学讨论会论文选》,北京大学出版社。

袁毓林　1993　《现代汉语祈使句研究》,北京大学出版社。

曾常红、肖　琳　2013　《日本学生习得汉语量词偏误分析》,《邵阳学院学
　　　报（社会科学版）》第 2 期。

张宁晴　2018　《日本留学生介词"在"的偏误分析》,安徽师范大学硕士
　　　学位论文。

张起旺、王顺洪　1999　《汉外语言对比与偏误分析论文集》,北京大学出
　　　版社。